專注力

吸引力法則的成功關鍵
治癒無力感人生
活出你想要的自己

當你專注在真心渴望的東西時，
全宇宙都會聯合起來幫助你。

THERON Q. DUMONT
西倫·杜蒙——著
陳柔含——譯

The Power of Concentration

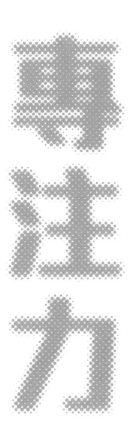

目錄

前言

專注是成功的必要條件

我們都知道，要成功完成一件事情，專注是必要的條件。因此學習專注，是一件再重要不過的事。想要事情成功，你必須能夠把所有的思緒都集中在你正進行的要務上。

如果你一開始沒辦法保持長時間的專注，別氣餒，能做到這樣的人並不多。而這似乎是個奇特的現象，相較於對自己有益的事物，人們總是比較容易專注在對自己沒有益處的事情上。但當我們學會有意識地專注，就能幫助我們克服這種傾向。

只要你每天做幾個專注力練習，你會發現自己很快就能開發出這種驚人的力量。

當你能夠集中注意力的時候，便能邁向成功。因為，這時你能夠善用積極的念頭，阻絕消極的念頭。能夠針對有益的事情來思考，會為你帶來極高的價值。

你是否曾想過，你的思緒——專注的思緒，在你的人生中，扮演著什麼重要的角色？這本書將為你介紹專注的思緒既廣泛又深遠的影響。

本書內容提供了許多非常實用的自主學習方法，我也親身做過這些練習。課程的安排會讓你在一開始就發現自己的進步，並從中得到鼓舞。

人類是一種奇妙的生物，但必須經過訓練才能施展長才。只要自我覺醒，將最好的一面充分發揮，每個人都能成就偉大的事情。但即使一個人再有才華，若缺乏專注和努力，也會無法有所成就。就好比一個身材矮小的人，若具有高度的精神專注力，便能克服其先天的限制，完成巨人才能做到的事；但缺乏此能力的巨人，即使擁有先天的優勢也無法將之發揮，只能做到矮小的人就能達成的事。

專注比適合更能為我們帶來成就。一個最適合某種環境的人，未必在那裡就能有最好的表現。唯有專注於每一種可能性的人，才能在工作和生活中發揮得淋漓盡致。

所有實質上的進步，都需要努力。

本書內容將激發和鼓舞你邁向成功，並使你與成功法則完美地和諧相處，而這會讓你更加固守自己的使命和職責。若能將這些專注思緒的方法付諸實行，便能開啟你內在的大道，通往永恆的存在以及歷久彌堅的真理基石。

實地練習，展現專注的藝術

本書的每章結束都會有一個專注力練習，不僅能幫助你開發自身潛能，還能讓你主掌自己的思維模式。

剛開始練習時，選定一個念頭，看看你可以讓心思停駐在那裡多久，並對此計時與記錄下來。如果你選擇健康這個念頭，除了訓練專注力之外，你還可以獲得額外的好處。試著去想，健康是世界上最珍貴的禮物。在練習的過程中別讓其他的念頭飄進來，若發現心思飄移，就要把注意力重新拉回到健康上。

養成每天都專注在這個念頭的習慣，可以從一天十分鐘開始，不斷地練習，直到你的思緒可以完全穩定不會飄移。你會發現，專注在健康會為你帶來極高的價值。無論你現在的狀況為何，都把自己看做是理想中的樣子，並無視其他的東西。一開始，你會很難忽略自己的病痛（如果有的話），但一陣子之後，你眼中的自己就是你想成為的樣子。在每一次的專注練習中，你心中對健康的意象會變得更加完美，當你實際進入這樣的狀態，就會成為一個強壯健全的人。

我要強調，在你心中形成意象是至關重要的事，能理解的人不多，但古今大有成就的人物都明白這點。

你有注意到，心裡的意象其實就是自己言行的依據嗎？如果你產生的是負面的意象，你就無意間為自己安排了那樣的生活情境。當你經常想著缺錢的樣子、被打擊、生病、害怕等等，你的世界就會這樣呈現給你，我們內在的思想就是如此顯化於外在的世界。

在深層的專注中，你會與鴻大的宇宙創造源頭產生連結，這股創造的能量會流過你，活化你的創造力，讓你也可以實現事情。你的內心會跟無垠的宇宙調和，因此能夠接收許多這個世界要傳遞給你的智慧訊息，你也會真實地感受到宇宙的能量灌注在你身上，讓你充滿神聖的力量，這是專注最理想的狀態，與宇宙中的超覺意識相連，這時我們才能了解它的寶貴之處。宇宙的高頻振動被記錄在超覺意識當中，就好像無線電收發站，會記錄來自全宇宙的意識訊息。

很少人能夠做到這種程度的專注，也很少人知道可以這樣做，人們通常認為專注就是只關注一個東西、一件事情，但這種融入神性的專注才是讓我們健康的源頭。

一旦與超覺意識相通，你便成為自己思想的主宰，這時你所感受到的意念都是來自更高的層次，又稱為宇宙意識，只要你經歷過，就永遠忘不了。通常要歷經很多的練習才能進入這樣的狀態，但是當你有能力之後，這會變得愈來愈容易，漸漸地你會獲得以前從來不知道的力量。在這個深度的專注之中，你將能夠主導神性力量的展現。

專注的練習

穿過透鏡而被聚焦的陽光，會產生比平常散射時還要大上好幾倍的熱能。專注也是同樣的道理，渙散的專注力只能為你帶來平凡的結果，但把它聚焦在單一事情上，你會獲得更好的結果。當你把專注力放在特定的事物上，你的一言一行，無論有意或無意，都會朝著實現此事的方向發展。如果你能夠把能量集中，不受任何干擾，就會產生讓你達成任何願望的力量。

當你聚焦意念，就是在加強它的力量。每章末的練習可能有點單調無趣，但是非常實用，如果你可以持續練習，就會發現這些練習的價值，因為它們提升了你的專注力。

在你進行練習之前，我想先回答一些我最近被問到的問題。有人說，在工作了一整天之後他已經累到無法再做任何練習了。但其實不是這樣，他可能筋疲力盡地回到家，吃完晚餐後就坐著休息，如果他的工作很花腦力，那白天占據他思緒的事情就會跑回來，這才是他無法好好休息的原因。

一套思維的運作會用上某些特定的腦細胞，而其他的腦細胞就相對地處在休息的狀態，這的確是腦部運作的方式。如果你現在要進行的是跟白天工作幾乎不同思路的事情，你就會用上原本在休息的腦細胞，而讓已經運作很久的腦細胞可以休息。所以，你應該妥善利用晚上的時間來進行完全不同的思維活動，藉此讓已經工作一整天的腦細胞可以休息。如果你願意專注在一個新的想法上，工作已久的腦細胞就可以從持續興奮的活化狀態中釋放出來，而其他閒置已久的腦細胞便可以帶著活力上工，你可以好好地享受夜晚，同時也得到休息。

當你學會主掌自己的思維模式，調整想法就會像換衣服一樣簡單。

要記得，聚焦的必要條件，就是要能夠把所有與專注對象不相關的念頭阻隔在外。為了要做到這樣，如同先前說過的，你要先能掌控身體，這要以心智做直接的控制才能辦到，而心智又由意志所掌控。你的意志其實強大得足以達成任何事情，前提是你要體認到它的強大。用意志直接調控心智，可以大大地加強心智的力量，這時心智就成為強力的思想發射站。

練習專注的最佳時機

練習專注的最佳時機，就是在你受到啟發之後，例如閱讀，這時你的心智和精神狀態都提升到了一個較理想的程度，是進入深度專注的好時機。如果你是在房間裡，可以把窗戶打開讓空氣流通，然後躺在床上但不要使用枕頭，去感覺自己的每一條肌肉都是放鬆的。接下來，緩緩地吸氣，讓你的肺舒服地充滿新鮮空氣，然後在這裡停留一段你可以承受的時間，不需用力憋氣，再開始吐氣。吐氣的時候也要放鬆，掌握節奏。按照這樣的方式調整呼吸五分鐘，讓神性的氣息在你的身體裡循環淨化，讓每一個細胞恢復活力。

這時你已經準備好了。去感受自己的寧靜和放鬆狀態，你可能會因為處在這樣的狀態而十分愉悅。試著去想，你即將要體驗遠遠超乎你過去經驗的東西。讓自己放鬆，進入這樣的氛圍裡面，讓這個狀態幫助你達s成願望。

別讓懷疑和恐懼影響你，要全心地去感受即將實現的願望，感受它已經實現的樣子，它已經在思想裡面成形了。每次你練習專注的時候，都要相信這麼做會讓你成功。保持這樣的感覺，不受任何干擾，你很快就會發現自己已經成為專注的專家。你會體認到這個練習對你帶來的幫助，不用多久，你就會開始學習把任何事情都妥善地完成。

□□□

由於每個人都是獨一無二的，因此不可能提供一套適用於所有人的指引。但作者在各章內文中，努力地喚醒你（或許本書沒有明確指出）的靈魂深處。因此，請將這些課程當作是對內在的喚醒和訓練，讓自己的思想和行動都充滿專注的能量。

若想將每一堂課的效益發揮到最大，你可以一次讀一頁，闔上書本後仔細回想剛才閱讀的內容。這麼做，你很快就能培養起集中專注的習慣，使你能夠以一般的速度閱讀，並記住閱讀過的所有內容。

第一章

專注會為你找到方向

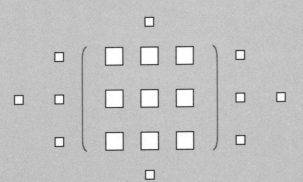

人有兩種天性：一種驅使我們進步；另一種則要我們退卻。而兩者中，我們培養、專注的那一個，決定了我們最終會成為什麼樣的人。這兩種天性都想取得主控權，但只有意志力才能決定一切。一個具有高度意志力的人，會為自己的生涯帶來轉變，成就非凡。只要你願意，就能夠成為這樣的人，因為意志會為你找到出路，甚至開創一條嶄新的路。

這種例子多得不勝枚舉：一個埋頭苦幹緩慢前進的人，突然覺醒，彷彿從沉睡中醒來，開發出自己的內在潛能，從此脫胎換骨。

只有你自己能決定人生的轉捩點何時到來。

「允許內心的真善美來控制我們，還是聽憑惰性的控制，完全是自己的選擇。」

沒有人可以強迫你做不想做的事，只要你願意，你就是自己人生的主導者。我們會如何發展，是可以經過訓練的，我們就像黏土一樣，可以完全由我們的意志力塑造成形。

習慣是後天養成的。你也許聽說過：「他天生如此，跟他爸簡直一個樣。」表示一個人的行為和他父母如出一轍。這很常見，但沒有理由必須如此，因為一個人只要下定決心，掌控自己的意願，他就能改掉一個習慣。一個一直以來可能都「一無是處」的人，從這一刻起開始有所有成就，即使年事已高，也能改變並創造奇蹟。

有人說：「我已經錯過那個機會了。」這也許沒錯，但透過意志力，我們可以為自己帶來新的機會。

> 一生只有一次機會的說法，並非真理。事實上，機會不會來敲門，而是我們要自己去尋找。

一個人損失的機會，往往會是另一個人的機會。現今是個腦力競爭的時代，大腦反應的速度通常決定了結果。當一個人想著「我會做」，卻拖拖拉拉，就會被別人捷足先登。他們都有同樣的機會，錯失良機的人會抱怨他失去了機會，但如果他正在尋找獲致成功的方法，這對他將是一個很好的教訓。

許多人閱讀好書，但卻覺得沒有從中獲得多少益處。那是因為他們並不了解，任何一本書或一堂課的功用，是在於喚醒他們，激發他們運用意志力去創造更多的可能。就算你從現在開始專為一個人上課，並教了他一輩子，他也無法習得所有你傳授給他的知識，因為他只學會了他自己想學的事情。這就是「師父領進門，修行在個人」的道理，你能提供別人一些機會，但是不能強迫他們接受或把握這個機會。

因此，若想幫助別人，最有效的方法之一，就是對任何人事物都去挖掘其中的美好，它一定存在。

我們透過看見別人的優點來鼓勵他們，我們也會進而在自己的身上發現美麗之處，這麼做我們也鼓勵了自己。良善的念頭是人們最珍貴的資產之一，當我們將此傳達出去，我們也會得到同等的回饋。當一個人需要鼓勵和提拔時，就是對他伸出援手的最好時機。所以，養成鼓勵別人的習慣吧，你會發現這是對自己與他人都很好的一帖良藥，你也會從別人那裡得到許多令人振奮的想法。

人生的旅程中有許多可以讓我們進步的機會，但我們是否真的有所進步，取決於我們想實現這種期望的意願有多大。每個月初，我們應該細細地檢視過去的進展，若沒有達到預期目標，應該要找出原因，並且更加努力地達到下一個設定的目標。每一次落後的進度，都是重大的損失，因為時間一去不復返。我們可以找出無法達標的理由，但這些通常都是取代應有行動的拙劣藉口。

任何事情都是可能的，也許我們的任務艱難，但愈是困難的任務，也會讓我們獲得愈多。真正能使我們成長的事情都是困難的，任何能輕鬆達成的事情，只會讓我們發揮很少的能力，收穫極少的成就。因此，別對困難的挑戰退縮，完成一項艱鉅任務所帶給你的好處，遠勝過完成一打簡單的任務。

我知道，任何願意付出代價的人都能成功，這個代價不是金錢，而是努力。為此，你所要具備的第一項基本特質，便是：

有想要完成某事、想成為什麼樣的人的渴望。

接下來就是學習如何做到，然後付諸行動。思路寬廣的人最具有成功的潛能，這樣的人也許對某個領域不太擅長，但他卻具備不同領域都共通的才識。

因此，想要成功就得先抱持自由開放的胸懷，盡力取得所需的知識，不但要了解自己部門內的事情，也必須了解其他部門的事，如此才能邁向成功。

成功的祕訣就是：

> 無論你身在何處、從事何事，都要持續提升自己，盡可能地學習。

別著眼於自己只能做多少，而要看自己到底想做多少。這樣的人會很搶手，也總是會有他能發揮的地方，因為他的積極進取廣為人知，公司會盡一切努力留住這樣的人才。

能登上巔峰的，通常是堅決有膽識又工作認真的人，而非膽小靠不住、工作散漫的人。肩負責任和權力的職位，很少會由經驗不足的人擔任，它需要的是有過實質貢獻，或是已經在部門扮演領導角色，工作時活力充沛又有氣魄，展現出高度意志與決心的人。

在關鍵時刻能承擔重責大任的人並非天才，他並沒有高人一等的天賦，但他明白，唯有專注不懈地努力才能有所成就。商場上所謂的「奇蹟」並非偶然，只有忠於主張並堅持到底，才能讓奇蹟發生，這就是成功人士的唯一祕訣。

成功的人習慣以達成目標的角度來看待事情，並且總是對成功充滿信心；但失敗的人卻習慣先看到失敗，預期失敗，因而把失敗吸引到自己身邊來。

我認為，只要能以正確的方式訓練，人人都能邁向成功。有許多能力很好又有天賦的人，無論性別，最後卻沒能成功，實在很可惜。我希望有天能看到有錢的慈善家成立學校來培訓曾經失敗的人，我保證這會是他最明智的選擇。將心理學的知識運用到其中，一年之內就會產生令他驚嘆不已的成果。他可以設立機構協助那些失去自制力的人、因病痛而意志薄弱的人，以及因悲傷和不幸而失去信心的人。事實上一開始，他們只需要一點幫助就可以重新振作，但通常情況下卻是得到更多打擊，導致天賦無法發揮，最終使得他們自己與這個世界兩敗俱傷。

我相信在不遠的將來，會有人留意到這種資助別人的機會，去喚醒那些跌跌撞撞的人，讓他們能夠了解，自己的內在其實有著一股全能的力量，只要他們願意使用，隨時都能得救。只要將思維從絕望轉變為希望，就能站穩腳跟重新掌握人生。

如果一個人灰心喪志，他得靠自己的意志來振作起來，用自己的力量回歸正途。因為要從別人那裡得到鼓勵或啟發性的建議並不容易，為了避免浪費精力，應該要把專注力放在開創有益的事業。因此，我們要能夠獨自戰勝那種弱化自己的傾向，不要期望他人的幫助，唯有振作精神，下定決心克服自己的弱點和惡習。這真的只有你自己才能做到，別人能給予的頂多只是鼓勵。

除了健康因素，我想不到任何會阻止你成功的事，其他的障礙都是可以被克服的。具有決心、勇氣和毅力，是克服障礙的必備條件。

一個具備勇氣與毅力的人，現在也許貧窮，但日後可能逐漸變得富裕。

意志力比金錢更有價值，只要你願意讓它展現，它就會帶你走過挫折的深淵。

位居高位的人，通常都是克服了重重困難才贏得勝利。想想那些著名的發明家，在取得成功之前所經歷的困苦。通常他們都不被親朋好友理解，生活也貧困得無以為繼，但憑著堅定的決心和勇氣，生存了下來，並將發明臻於完善，造福後世。

每個人都有想要成就的事情，但鮮少有人會為了確保這份理想，而付出必要的努力和犧牲。

要實現任何事情，唯一的方法，就是付諸行動。若能夠下定決心，心無旁騖地把每分力氣都花在實現理想上，你做的每件事幾乎都會成功。

一旦決心要完成內心渴望的事情，很快就會克服困難。當人變得強大，困難也就顯得渺小，這個道理反之亦然。要時常將眼光放在克服困難所帶來的收穫上，這會給你更多勇氣迎戰。

別抱著一帆風順的期望，旅途上總會有些風雨，但別因此而停滯不前，這趟旅程要繼續下去。你度過難關的方式，凸顯出了你的特質。所以，就別呆坐著抱怨這些崎嶇不平的道路，而是想想那些令人愉快的延伸是多麼美好，並抱著愉悅的心情欣賞眼前平坦的平原。

「別讓挫折阻擋你前進，而是把視它為你達成目標前，必須克服的一件小事。」

專注力練習——保持靜止

1．在一張舒適的椅子坐下，看自己可以維持同一個姿勢多久。這並不如表面上看起來的容易，你需要把注意力聚焦在「靜止」上。

2．觀察自己，別讓肌肉在你的指揮之外動作，透過一點練習，你應該就可以好好地坐個十五分鐘。

3．一開始我建議以輕鬆的坐姿坐五分鐘就好，等你可以做到完全的靜止之後，再把時間增加到十分鐘，然後十五分鐘，這樣就夠了。

4．千萬不要為了保持不動而讓自己用力，你需要完全地放鬆。你會發現這個放鬆練習非常有益。

第二章

自我主宰：專注力讓你能夠掌控自己

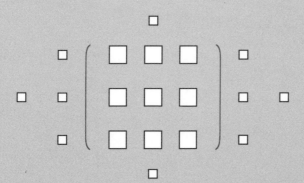

從發展心理學的角度來看，一個人的發展並不是指他該成為怎樣的人。心理學認為：

> 人具有專注的能力，但這並不是無師自通的，而是需要開發，要培養「開發自己」的能力才能發揮專注力，這才是所謂的發展。

儘管如此，每個健全的心智都具備許多能力，例如設計發想、指揮和專注的能力，藉此來掌管自己包含心理以及生理等層面的運作。所以，人要學習使用意志控制、使用自己的心智及身體。

當控制機能還未訓練成熟時（即是在人體自律系統的運作之下），我們的衝動、情感、情緒、思想、行動和習慣都缺乏有意識的調控，聚焦心智的流程也有待改善。但這倒不是因為在自律系統的運作下心智難以發揮，而是因為心智尚未受到適當的鍛鍊。

當自我調節能力處於未經訓練的狀態時，我們的衝動、食欲、情緒和情感容易大幅擺盪，心智運作也就變得衝動、焦躁而紊亂，這就是專注力低下的原因。

如果自我導向能力的發展較弱，人就會缺乏專注力。因此，要先發展專注所需的能力，你才能學會專注。如果你無法專注，以下可能就是原因之一：

一．神經運動中樞有缺陷。

二．內心衝動，容易情緒化。

三．沒有鍛鍊過心智。

第三個原因是最好克服的一個，可以透過系統性的練習很快地改善。

第二個原因，可以透過避免產生諸如憤怒、亢奮、仇恨等的激動情緒，來達到最有效的改善。當你處在這些激動的狀態下，是無法專注的。

這些可以透過避免攝取會導致神經衰弱或刺激神經衝動的食物和飲料、遠離引發情緒的人事物等，來自然的改善。觀察那些身心常保平靜的人，也是一個很好的練習，你可以試著多與他們交流。

要對第一個原因進行改善是比較困難的，因為這是腦部發育不全，相對地就容易缺乏專注力，要改善這個問題需要花點時間。

很多人以為處於放空狀態也是一種專注，但這並不正確。也許他們是在想事情，但未必是專注地想。人在放空的時候通常都無法專注，總是分心，或甚至是心不在焉，當專注的力道變得薄弱，對任何事情都會難以全神貫注。若一直持續這種狀態，可能會對腦部產生不良影響。要想集中注意力，你必須有堅定的意志。意志薄弱的人由於缺乏意志而無法專注，這樣的人，無法對特定的事物或想法進行聚焦或抽離。而心理強度夠強的人，能夠把注意力集中在任何問題上，摒除所有不調和的想法。

「所謂的專注，指的就是堅定不移的意志力。」

人可以藉由發揮專注力，將所有的精神和身體能量聚集在工作上，這種專注能夠讓心對自己的思緒、言行和計畫都特別留意。人若放任自己的心隨意漫遊，是無法成就大事的，因為這是在浪費自己的能量。如果你漫無目的地做事、思考、說話和行動，讓腦袋飄移到外務上，就失去了專注的基礎。

> 當你說：「我想要、我可以、我願意做」，你就能集中精神。

容易犯的錯誤

如果你把時間浪費在閱讀聳人聽聞的故事或毫無價值的報紙，會激發你的衝動和情緒化，這意味著你的專注力正在減弱，你將無法自由地引導自己走向成功。

只有仔細觀察自己才能培養出專注力，各方面的發展都是從密切關注開始的。要去調整自己的每個思緒和感受。當你開始關注自己、關注自己與他人的言行，你便開始使用自律能力，若你持續保持這樣的習慣，你的自律能力便會進步，到時候你就可以主導自己的每個思緒、期望和計畫。

有意識地將心思聚焦在手邊的事務上，便能集中注意力，但只有經過訓練的心智才能做到。專注就是把某個思緒凝結，然後把你所有的力量灌注在它上面，進行思考。

沒有辦法主導自己的念頭、渴望、計畫、決策與學習的人，無法獲得最高的成就。情緒陰晴不定的人無法主宰自己的心智，也無法主宰自己的思緒、感受和期望，這樣的人無法成功。當他感到煩躁，也會使身邊的人感到煩躁，並破壞別人努力爭取的機會。但如果一個人可以專注地將能量導向他的工作，對自己的舉止充分管理，他也就會有能力去管理別人，讓所做的每個決策和思維都是出於利他以及崇高的目的。

在這個時代，情緒激動與焦躁不安的人並不受歡迎。有涵養的人會深思熟慮並且言談從容，展現出沉著的態度。他的意識是投入的，一次只專注一件事情，隔絕其他的干擾。當你與人交流，請給對方全然的關注，讓意志與邏輯思維統合運作，別讓自己的心思分散或流連到其他地方。

就從每天的早晨開始，看自己能維持這樣穩定專注的狀態多久。你可以把一天的狀況記錄下來，了解自己是否有確實做到。若不如預期，明天再試。當你愈能穩定自己，專注力就會愈高，但絕對不要心急。請記得：

專注力提升愈多，你就會有更多可能的發展。

專注會為你帶來成功，因為你自我管理的能力提升了，對所從事的事情更加全心投入，這一定會增加你成功的機率。

與人交流時，要在腦中有個藍圖，將心力放在這場談話的目的上。留意對方的反應，但要隨時記得你的藍圖。若沒有這麼做，你將浪費自己的精力，談話結果也會不如預期。

我想請你觀察一位相當有主見和影響力的人，仔細留意他對自己的完美掌控。接下來，再請你觀察一個普通人，留意他的眼神、手臂和手指，注意沒有幫助的能量消耗。這些動作會耗損身體重要的細胞，減弱一個人的神經運作和生命力，保存神經力量就和保存生命的元氣一樣重要。以蒸汽火車為例，它在軌道上穩定行駛，如果有人把所有的閥門都打開，那火車就會停下來。人也是同樣的道理，如果你想要使用你所有的「蒸氣」，就必須關上「閥門」，把所有力量都拿來生產「心智蒸氣」。所以，要把心思集中在一個目標、一項計畫、一筆交易上。

沒有什麼比情緒激動更能消耗神經力量的了，這也是為什麼性情毛躁的人缺乏吸引力，從不受人欽佩或愛戴，因為他沒有發展出一個紳士所具有的美好特質。憤怒、嘲諷和激動的情緒，會消耗一個人這方面的力量。常放任自己處在激動情緒的人往往會變得神經質，因為他耗損了自己的神經力量和生命力，無法將注意力集中。

當你處在適度專注的狀態，每個微小細胞所散發的能量會往同一個管道匯流，產生強大的影響力。每個人身上都有無數個振動的細胞，每個細胞也都有各自的生命與能量中心，如果這些能量能夠被妥善地保存控制而不浪費，這個人就會有巨大的影響力；反之，他會不具影響力，也無法成功。

如同閥門全開的蒸汽火車無法行駛，人在浪費能量的狀態下，也無法以最大的速度前進。大腦灰質裡的神經細胞就是思想和行動的靈魂中樞，每個神經細胞都以振動釋出某種智慧的力量，當你以謹慎專注的態度，有條理地全面運用心智來管控這些力量、念頭和行動，所產生的結果，將會使你非常健康有活力，並具有魅力。身體的四肢、肌肉、骨骼、肌腱與神經，都是心智運作的管道。意志的功用，就是當能量沿著肌肉和神經管道運行時，驅動身體的機制。基於這個道理，如果你對體內的訊息、衝動、念頭、情緒和肢體動作，進行主動的控管傳達出主動掌管的意願，你便可以指揮身體的運作，產生自我主宰的能力。對身體的掌控度愈好，就能產生愈強的專注力。

> 任何對情緒和感官的刺激、誘導你因情緒與好惡行事，或是讓你困擾、恐懼、情緒化的事情，都會減弱專注力。

因此，這類的刺激是有害的。這也是為什麼脾氣暴躁、常與人衝突、喜愛刺激性飲食的人，以及過度狂歡、性情急躁剛烈的人，較缺乏專注力的原因。而不疾不徐、言行經過深思熟慮的人，則具有專注力。

有的時候，任性固執、易怒的人也能夠專注，但與在你掌控之中、協調連貫的專注相比，這種專注既不穩定也無法長久。他們的能量運作是一陣一陣的，有時能量充足，有時精疲力盡，來得快去得也快，若以手槍發射子彈的角度來看，便很容易理解。如果開槍的時機是依照你的期望，那便容易命中目標；但如果子彈在你還沒準備好的時候就發射出去，不僅浪費彈藥，也可能造成傷害。大部分的人都是這樣，他們任由自己的能量暴衝，除了浪費也傷害他人。他們白費了自身的能量和吸引力，因而損害了成功的機會，除非他們學會控制自己，否則難以受到歡迎。

這樣的人很需要做各種培養專注力的練習，並要持續練習一段時間。他們必須徹底克服自己突如其來的暴衝念頭，並試著調節自己的情緒和行為，從早到晚都練習穩定自己的性情，蓄積能量做適當的運用。

大腦的下方是能量的儲存庫，因此若懂得集中能量，大部分的人都會有充足的能量可運用。我們除了具備身體這個硬體設備，也要有懂得使用的工程師，否則無法保持運作。而工程師，就是那股自我調節、管控的能力。若缺乏這項能力，我們就很難有所成就。一個好的工程師會控管每個作業細節，讓所有事情的進行都有助於自身的發展。不妨牢記這個道理：

> 你所做的事情，是讓你進步，還是讓你墮落。當你猶豫是否該做某件事的時候，先想想自己是否會因此成長或退步，再來做決定。

我始終堅信：「工作時工作，玩樂時玩樂」。當你抵擋不住享樂的念頭時，你也可以透過只想著享樂一事，來培養專注力；當你沉浸戀愛中時，如果你一心只想著愛這件事，你會發現自己能夠發展出比以前更加深厚的愛。

若你把注意力放在「自己」身上，以及這個自己所擁有的各種可能的機遇，你就會發展出專注力，並對自己有更高的評價。有條理並且有計畫地做這種練習，會讓你展現許多專注的力量，而也只有這種專注，你才能有條有理地把事情執行得徹底。

當你走進鄉間，呼吸著新鮮空氣，細細地端詳一草一木，這就是專注。當你每天早上在固定的時間出現在辦公室，你意識到了，你就是在培養自己的穩定性，增加對自己的掌控度。如果你的習慣是今天準時上班，明天稍微遲到一點，後天又更晚一點，這樣並無法形成專注的狀態。

當你把精神放在某個想法上，然後持續把注意力放在那個想法上，你就能培養出專注力。

如果你把注意力放在選定的事物上，你的注意力就能集中，就像是把相機的鏡頭針對特定的範圍對焦。所以，無論手邊的事情是什麼，記得永遠要把注意力聚焦在那裡。要多加留意自己，才會進步得快。

經常練習長時間的深呼吸，不只是為了增進健康（雖然這件事情也很重要），也是為了提升自己的力量、愛與生命力。

記得要讓你的所做所為，都是為了成為更好的自己。

也許你會覺得透過訓練肌力來培養專注力有點奇怪，但別忘了，心智、肌肉和神經是相互關聯的。當你穩定了自己的神經與肌肉，你的心智也會穩定；如果神經出了問題，你的心智也會變得沒有規律而失去方向感，也就是喪失專注力的意思。如此便不難理解，多做能夠穩定神經和肌肉的運動，對發展專注力是很重要的。

我們無時無刻都在接收各種刺激，如果想要過著充滿成就的人生，就要懂得管控這些刺激，這就是為什麼我們要有意識地去調整自己的目光、肢體動作等等，也是為什麼我們要控制呼吸的一個重要原因。和緩、深層又持久的吐氣是非常有益的，能夠穩定血液循環、心跳、肌肉、神經以及你的精神。當心跳不規則，血液循環也就不規則；若肺的活動不平穩，心思也就飄忽不定，有礙專注。所以，有控制的呼吸十分重要，是身體健康的基礎。

除了專注意念之外，控制諸如眼睛、耳朵和手指等身體的各個感官也很重要。它們之中都有微型意念，由總工程師主掌。了解到這點，你的專注力就會發展得更快。

如果你有和成功人士交流過，或是閱讀他們的自傳，你會發現他們經常扮演傾聽者的角色。事實上，説話比傾聽來得容易許多，因此仔細傾聽別人就是最好的專注練習。除了能從別人的言談當中學習，傾聽還會培養你身體及精神專注力。

當你跟別人握手，不妨想像自己的掌心裡有許多個獨立思想，有各自的智慧，所以你的每個握手也都有它的性格。如果握手的時候無精打采，就代表著缺乏自信，無法展現出內在的力量和性格。如果握手的力量微弱又僵硬，代表這個人很少展現對他人的關愛，缺乏熱情也沒有吸引力。反過來說，如果握手穩定有力，那麼這個人的性格也就與上述相反。當握手的兩個人都具有健全發展的心靈，那他們的握手絕對是富含力量的，還能從彼此的手裡感受到對方的頻率。

一個人所散發出的愛，會讓彼此互補的特質流動。若缺乏愛，生命就會黯淡無光。當愛被激發的時候，會很快地從手傳達出去，因此你應該要學習握手的藝術，把它運用在社交當中。

> 一個愛自己、善待自己的人會散發出愛的能量；但一個常對自己感到不滿意，甚至討厭自己的人，所散發的就是厭惡。

當你被激怒的時候，試著觀察自己的呼吸，你會從中得到寶貴的學問。同樣地，你也可以在開心或忿恨的時候觀察自己的呼吸，看看當你內心滿懷對這個世界的愛、當你因他人高尚的情操為之動容的時候，呼吸有什麼樣的變化。當你懷抱正面思維，你的呼吸會為肺臟帶入充分的氧氣，愛會充滿你的靈魂。愛會讓人的身心有很好的發展，進而擴展至人際關係。所以，快樂的時候深呼吸，會讓你更有生命力，而且精神平穩，幫助你發展專注的力量，你會變得更有人緣。

若你想要在人生中受益良多，就要讓自己的想法充滿愛，以愛為出發點。只有找到你所熱愛的人事物，你才會展現出真摯的情感，露出美好的一面並散發魅力。所以，讓意志幫助你展現愛的情操，開啟一段豐盈的人生吧。

充滿愛的雙手總是富有吸引力，但這股力量也要好好控制。你可以把愛集中在手中，透過握手傳送出去，這就是發揮影響力最好的方式。

下次當你變得急躁，就運用你的意志讓內心的步伐緩慢下來，緩慢深沉的呼吸會幫助你保持耐心，這是一個練習自我掌控的好方法。當你發現自己講話開始變得急促，請發揮這樣的自制力，用和緩的方式傳達清楚你的想法。不要刻意提高或壓低你的聲調，要專注在維持自己的平穩態度，這樣你的專注力就會提升。

當你和重要的人相處，請務必用沉穩寧靜的態度面對他們，隨時覺察自己跟對方的狀態。靜態的運動有助於增進運動的能力，並加強專注力。當你感覺急躁、緊張或想退縮的時候，挺胸站直做深呼吸，你會發現那種感覺消散了，取而代之的是一股寧靜的力量。

如果你發現自己常與急躁不安的人相處，請盡量避免與他們交流，直到你擁有足夠的專注力。因為他們散發的憤怒、固執等不友善的特質，會減弱你控制自己性情的能力。

任何能讓你更好地掌控眼睛、耳朵、手指、雙腳的運動，都能有助於穩定你的心性，眼神堅定，內心也會堅定平穩。了解一個人的最好辦法，就是：

> 觀察他的肢體動作，因為心思會透過行動呈現出來。

所以觀察他的行動，也就是在觀察他的內心。思想決定行為就是這個道理。若心思游移不定，行動也會是如此；若舉止穩健，內心也會是同樣的狀態。專注就是對身心的統合調控，兩者是彼此相連牽動的。

有些人缺乏野心，其實是因為心思散漫。他們行事穩定、有耐心，看起來也很有自制力，但不代表他們能夠做到專注。由於缺乏能量，這樣的人其實有點懶惰又提不起勁；也因為缺乏能量，他們不太會有失控的行為。

由於沒有過多的情緒能量，所以他們不容易被激怒；他們行為穩定，因為本身的能量低落。一個人的最佳狀態，是內在有著強勁的力量，能夠有效地掌控自己的能量、思維和肢體動作。

一個人若缺乏能量，無論是生理的或是心理上的能量，就要去加強它，而且要去學習引導和控制自己的能量。

又或者一個人可能很有能力，但若他不想控制自己的能力，這些能力對他並沒有任何益處。

我們的社會風氣很注重身體的保養和鍛鍊，但卻模糊了其中真正的精髓所在。靜態運動是最有益處的運動，它能幫助我們維持身體機能的良好運作及長期穩定，原因就是前面所提過的：

「當你學會控制身體，就能增進對內心的掌握。」

專注力練習二——**保持手臂不動**

1. 在一張椅子坐下，抬頭挺胸，舉起右手指向右方，手臂與肩同高。
2. 以轉頭的方式移動視線，身體其他部分保持不動，讓視線落在右手手指，穩定地維持右手姿勢一分鐘。
3. 接著，換左邊以同樣的方式做一次。在你可以完全穩定手臂之後，把時間慢慢拉長，直到可以一邊做五分鐘。
4. 手伸直的時候手心朝下，這是最容易做到的姿勢。把視線專注在指尖上，你就可以知道手臂是否真的保持不動。

第三章

如何透過專注實現願望

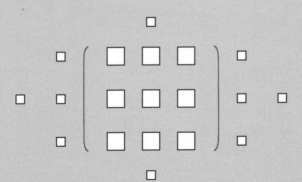

無知的人或許會說：「怎麼可能光是用想的，就可以得到任何東西？」但我要說，透過專注，你的任何渴望都可以被滿足。重點是，你要專注地去實現，因為單純的希望並不會改變什麼，希望擁有某樣東西而不付諸行動只是顯示出你的不足，而不是你真的能得到它的信念。所以，別只是希望，畢竟我們不是活在童話故事裡。當你在腦中空想的時候，所花的腦力跟認真想著有價值的東西是差不多的。

留意你的欲望，在腦海中描繪出你想要的樣貌，並下定決心，直到實現。千萬不要讓自己漫無目的地過日子，知道自己想要什麼，並全力以赴去實踐，你就會取得成功。

你必須認為你可以完成任何事情。很多人決定要去做某件事情之後，就開始覺得自己會失敗，而通常這就是他們會得到的結果。

我來舉例說明：有個人去店裡買東西，店員說：「抱歉，我們沒有賣這樣的東西。」但他並不死心，便詢問店員是否知道哪裡有賣這樣的東西。在得到一個不甚滿意的答案之後，他鍥而不捨地轉向店經理詢問，最後終於買到了他想要的東西。

這就是專注力讓你心想事成的簡單道理。請記住，你的靈魂蘊藏著無限的力量，你可以做到任何想做的事情。

「我會找到方法，如果沒有，就去創造一個！」這就是獲得成功的精神。

我認識一位大型銀行的總裁，他一開始只是個送件小弟。有天，他父親在他的外套上繡了一個Ｐ字，說：「兒子啊，這個Ｐ字是要提醒你，有一天你會成為這間銀行的總裁（president），我希望你把這件事放在心上，每天都要做點讓自己更接近這個目標的事。」

每天晚餐過後，父親會問他今天做了哪些事情，讓這個想法深植在他的心中，他因此全心全意地讓自己成為這間銀行的總裁，而他真的做到了。他的同事經常拿這個Ｐ字來開他玩笑，很想知道這個字的意思，但他父親要他千萬別告訴別人。直到當上了總裁，他才告訴大家這個祕密。

不要把你的心力浪費在空想上，也不要為了試圖滿足每一個突發奇想而浪費了你的能量，你要專注地去做真正有價值的事情。堅持貫徹事情的人，是不會失敗的。

愛默生說：「竭盡全力之人，必獲得力量。」

今日要成功，很大程度取決於能夠專注在內在的力量法則，因為這麼做可以喚醒思維的能量。若把這點運用在職場上，將會產生長久的效應。

要能夠做到這點，才能將自己的力量發揮得淋漓盡致。這個偉大的宇宙中交織著無數的能量，你既然來到這了，這一生是否要過得意義非凡就由你自己決定。

透過宇宙中能量不滅的運作法則，你可以在最完美的時間點達成你想要的目標，所以別懼怕去做真心渴望的事情，也別忘了要努力付出。

任何良善的事情都有實現的可能，而必然發生的事情則無論如何也避免不了。如果有件你認為是對的事情，那就應該要去做，無論其他人怎麼看待。

「與神同在的一個人，他就是多數。」或者簡單的說，心裡面全能的內在法則即是神，若本於正直，今日身為人的這個你，依著你心中的神，與那股無窮的力量同在，便能征服全世界。

別說「我真希望自己是個偉人」，你應該要說「我可以、我要、我一定會」，因為你可以做到任何想做的偉大事情。

了解這點之後，接下來就容易了。你的潛能和力量會讓你克服所有的阻撓。

□□□

讓生命中的責任與苦難前來吧！
我已經準備好了，我的靈魂絕不屈服。
我就是那無窮力量的化身。
那股力量就是我內心的神，每當遇到阻礙它就前來相助。
愈是艱苦，經我而來的勝利愈是甜美。
試煉愈嚴苛，我內心的力量茁壯得愈快。
讓所有的挑戰前來吧！

我仰賴自己就已足夠，正直必會彰顯。

我召喚智慧與力量，讓我明瞭正直並追隨它的腳步。

我有更高層次的智慧，我正朝它一步步邁進。

專注力練習三——**手握裝滿水的水杯**

1．拿一個裝滿水的小杯子，用手握好。
2．把手臂向前伸直，然後把視線看向杯子，用來確認手臂的穩定度。
3．這個動作的維持從一分鐘開始，漸漸增加到五分鐘。
4．一次練習一隻手，然後換邊練習。

第四章

專注力是讓你在職場上屢創佳績的沉默力量

我希望你可以了解，思想的力量有多麼強大。例如，恐懼的念頭足以讓人在一夕之間白了頭髮。又例如這個故事：一位死刑犯被告知，若他同意參與某項實驗並且活了下來，他就可以獲得自由。他同意了。這個實驗的目的是要了解，人在存活的情況下，可以流失多少血。研究人員在他的腿上劃一刀，讓血一滴一滴地流下。那一刀實際上只是輕輕地劃過，並不會讓血大量流出。但實驗是在一個黑暗的房間進行，死刑犯無法看清楚房內的狀況，他以為聽到的滴答聲就是自己的血流聲。隔天，他死於恐懼。

上述的兩個例子應該可以讓你對思想的力量有初步的了解。徹底理解它的力量，會為你帶來無比的價值。

透過專注的思想力量，你就可以把自己塑造成任何想要的樣子，並大幅增進自己的實力和工作效率。我們生活的環境充滿了各式各樣的思想，有的好、有的壞，若你沒有建立好正面的心態，就必定會吸收到一些負面的思想，對自己造成不好的影響。

當你了解那些不必要的情緒，例如擔憂和意志消沉等等，都來自於你缺乏自主控制的想法，你就會意識到對想法擁有自主的主導權有多麼重要。你的起心動念決定了你是什麼樣的人。

當我走在街上，只要觀察路人的神情，我就可以知道他們過著什麼樣的生活。神情可以反映一個人的內心狀態，就像鏡子反射你外表的顏面一樣。看著這些臉龐，我不禁感嘆有好多人都在浪費他們的生命。

了解思想的力量，會揭開你從未想像過的各種可能性，它們其實都存在你的內心深處。要記得，你的思想決定了你生活的氛圍、與什麼樣的人交友，因為思想會影響你的喜好意向，這是一門非常實際、貼近生活的學問。

> 正面的思想會為你打造未來；負面的思想則反其道而行。

想要行善的念頭，本身就是一種巨大的力量。我希望你能深刻理解思想的重要性、如何讓它們發揮價值，以及它們是如何產生並影響著你。

如果你的思想品質高尚，那麼你自然會與具有類似想法的人交往，你也能夠做出對自己有益的改變。如果你的思想狡詐，那麼你也會導致許多人用同樣的心態來對待你，甚至欺騙你。

如果你的思想正直善良，你會啟發身邊的人，讓他們散發自信。

當你接收到別人的善意，你的信心和力量會因此增長，你會很快地了解到，原來思想具有這樣美好的價值，即使處境困難也可以讓你擁有平靜的內心。

懷抱這樣的正念會使你與人相處和睦，冥冥之中讓你在需要的時候可以得到幫助，這幾乎是每個人都會遇到的狀況。

你現在應該明白了把思想專注在正當途徑上的重要性。得到別人的信任是一件很重要的事，當兩人初次見面，其實沒有時間深入了解對方，通常會依據自己的直覺來做判斷，這是可行的。

若對方所表現出的態度令你不安，你很可能會有這種莫名的想法：「最好不要跟他做這筆生意，否則我應該會後悔。」你不曉得為什麼，但就是有這種感覺。

原因就是，我們所有的言行，都由意念而生，一個人的想法會經由言行展現出來，進而被他人所感受到，因此我們要時常留心自己的意念為何。

> 你的人生就是由你自己的意念所塑造的，意念具有靈性的力量，若你是個善良的人，就會很容易地吸引到許多美好的人事物。

灑進花園裡的陽光，會被我們種植的樹給阻擋，這世上也有看不見的力量，會被你的想法和所做所為給阻擋，只要你不刻意採取行動來攔阻這些力量，它們是可以幫助你的。這些無形的力量正默默地發揮作用，但「要怎麼收穫，先怎麼栽」。

你的內在有一股力量，若好好培養，它所帶來的幸福會超乎你的想像。多數人的生活都很匆忙，以至於錯失了他們所欲追尋的東西。透過專注，你可以徹底改造自己的人生，無須拚死掙扎就可以獲得更高的成就。

往自己的內心看，你會找到生命運行的偉大機制。

如何有智慧地談話

為了讓談話具有智慧，你需要對話題投入一定程度的專注力。說話本身就會影響專注，因為它把一部分的專注力導向外界，這跟深度靜默的專注效果有很大的差異，後者展現深層意念和靈性力量。因此，在你能有智慧的談話之前，保持沉默是必要的。在困難的處境下，說話依然能保持機智、穩健又具有智慧的人，都是有在沉默上下功夫的人。多數的人並不了解沉默是什麼，也以為讓自己處在沉默的狀態中很容易，但事實並非如此。在真正的沉默中，我們會融入內在法則，那裡的力量運轉得無聲無息，也無邊無際，振動頻率遠在我們能聽見的範圍之上。

想要成就非凡的人，應該為自己打開連結全能者的絕對法則的內在通道。這唯有努力不懈、明智地練習專注才能做到。請把這段話銘記在心：

在沉默中，我將把自己交給最純粹的靈性自我，
永遠忠於這個自我，
謹遵我所理解的正直。

我知道要活出最好的自己，這就是善待自己最好的方式。
願智慧與我同在，我將以此待己待人。

下一章，我將為你介紹這個神祕法則，它是整體思想運作的力量，將所有人類連結在一起，為我們選擇伴侶和朋友。

專注力練習四——**肌肉放鬆**

白天工作時盡量讓肌肉放鬆，並觀察自己的放鬆程度。要隨時留意自己的穩定度，培養出一種從容穩定的狀態，而不是緊繃和不安，這樣可以改善你的舉止和風度。要避免不知所以的手勢和肢體動作，若有這樣的舉動，就代表你還沒對身體擁有完全的掌控，等你有了這種控制能力，就會注意到其他舉止「不知所以」的人對自己的掌控度是很缺乏的。

你需要改掉抖動或扭轉身體任何部位的習慣，你應該會發現自己其實有不少不自覺的動作，把注意力聚焦在「我不要」上面，就可以很快地停止。

如果你很容易被雜音影響，例如關門的聲音、東西掉下來的聲音等等，就要練習掌控度，把這些都看成是在練習自我控制，你會在日常生活中找到很多這樣的機會。

第五章

連結你我的專注意念

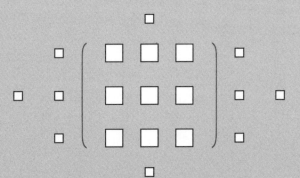

你有能力可以為自己實現每一個願望。成功的起點，就是你的想法，我會教你該如何思考以獲得成功。

促成成功的條件，來自於你內心的力量，而讓心力無法呈現出來的阻礙，則是你可以加以控制的。你具有無限的思考能力，這就是你與生命的全知本源之間的橋梁。

成功是由特定的心境和思想所累積而成的，這些可以透過你的意志產生，由你所控制。

你之所以生而為人，而不是一個普通的低等原子，是因為你擁有思考能力。這個能力並不會離你而去，而是會一直把你往完美的境界推進。在你生命的進程裡，會有渴望，這些渴望也可以被實現。實現這一切的力量就在你的內心，而阻撓這一切的障礙也在你的內心。這些障礙就是無知，對於自己的力量和這些法則一無所知。

專注的意念會產生看似不可能，實際上卻可行的結果，也會讓你找到熱情與抱負。當你突破了侷限障礙，新的靈感和抱負就會浮現，思想也開始組織了起來，你會對此很有感覺。

如果你了解，透過深度的專注會讓你與全能意念相通，那麼過去你所認為的侷限就不再是侷限，長期困擾你的恐懼，以及缺乏建設性的想法也會逐漸減少。同時，在這樣的情況下，你會很勇於嘗試，具備獲得成功的信心與踏實感。當你以這樣的方式學習專注和強化思想的力量時，你便是在控制自己的意念，它會進而幫助你塑造外在的環境，你就能成為機遇的主宰、自己的主人翁。

> 讓自己過想要的或是不想要的生活，其實一樣容易，完全是由你的意志來決定。

只要你想要的事物正當合理，就沒有什麼能阻止你追求自己想要的。如果你的目的不合乎正直，則有違宇宙的全能法則，注定會失敗。

但如果你的渴望是來自於正義與善良的動機，你就能以宇宙間運行的力量幫助自己，而不是以眼前所見的有限力量掙扎抵抗。你可以預期自己終究會獲得成功，即使剛開始看起來並不明顯。

絕不要因一時的不如意而分心，要對最終的成功展現堅決的信念。要仔細地檢視你的計畫，看是否跟宇宙法則有所衝突。最重要的一點是，要盡量遠離恐懼、憤怒等，與實現渴望相違背且具破壞性的力量。

所謂信念，就是知道自己的想法和宇宙法則和諧一致，並且由衷地深知自己的動機是正確的。這世上沒有什麼會比信念更具力量。當你的意圖脫離正直善良時，還是有可能會達成你想要的表象，但這結果只是暫時的，最終你還是必須打破這樣的思維模式，重新建立真正本於善的思維。

非建基於真理的思想，會產生不協調的振動，並因此而自我毀滅。在你能確實地抱持正念行事之前，最好別盲目行動，因為這是浪費時間。你可能會暫時擱置做正確事情的欲望，但這個欲望所散發出的氛圍會干擾你的不良意圖，直到你走向正途。

所有善良的意念都會成功，即使中途遭遇困難。因此，若你面臨到諸事不順的情況，你應該平息內心的恐懼、驅散沒有建設性的想法，同時維護好品德與心靈的尊嚴。

有志者事竟成

俗話說「有志者事竟成」，其中的道理就是，若可以得到相助的力量，意志會開創一條道路。意志力愈強，就能爬得愈高。

當諸事不順，正是你展現本領的時候，展現你控制自己情緒的能力，保持沉靜樂觀，彷彿成功就在眼前。若能做到這樣，會是一件很值得慶祝的事。

「要對播下成功的思想種子有信心，並完全相信陽光不會停止照耀，會為這一季帶來豐收。」

不過，在做事的時候，倒不一定得總是想著成功。當身體處於不活躍狀態的時候，心智的狀態是最無拘無束的，你會因此產生新的想法，讓你有更進一步的發展。當你正在做事，你的心思就是處在先前早已經預想好的狀況裡，因此可以不用把已經想過的事情（也就是成功）再想一遍。

當你處於負面情緒時，直覺會更加活躍，因為那時你不是在用意志來控制你的思想。我們所做的一切，應該得到直覺的認可。

當你處於負面情緒，因為吸引力法則的關係，你會吸引到相同的想法。培養成功的思想之所以重要，就是因為這會吸引到相同性質的思想。如果你從來沒聽說過這個道理，你可能會覺得這是一派胡言，但性質相似的意識流會精準地吸引彼此，這的確是個事實。許多常往壞處想的人，會因為憂慮和過度反應的情緒，吸引到失敗的結果，這些思想會招致失敗其實是必然的。一旦你學會了思想規律，並時常抱持美好、真理和成功的想法，你會比以往更加事半功倍。

世界上有許多看不見的力量可以幫助你的心智，這是一般人難以想像的。當你學會相信思想的價值和規律時，你將會因此得到適切的引領，事業也會大幅增長。

以下的方法，可以幫助你對自己的思想有更好的掌握。如果你不知道該如何掌控自己的恐懼，就對著不安的內心說：

「別動搖，別害怕，我並不是獨自一人在面對，會有無形的力量幫助我，克服不利的情勢。」

很快地，你將會獲得勇氣。無懼與恐懼唯一的差別，是在於人的意志和信念。所以，如果你想獲得成功，就要對成功抱持信念、有所祈求、召喚它的來到。你也可以用同樣的道理來堅定自己的渴求、企圖心、對他人的信任、寬容和自信等美好的想法。

人會焦慮、擔憂、憤怒、沮喪、猶豫不決，都是因為缺乏心中那股更高層次的力量一起共同運作。透過專注的意志力，你可以把意念的力量組織得很完善，心情也會在你意志的掌控之中，不受外界所左右。

最近有人問我，是否建議吃飯時把注意力放在你吃的東西上，或是走路時專注在沿路看到的東西上。我的看法是，無論做什麼，當你在練習專注力的時候，就要選定一件事情，只關注它。這是為了練習去控管其他會分散你注意力的舉動，否則你會養成分心的習慣，並且很難改掉，因為你的身心機能並不擅長專注的運作模式，無法從不專注突然變得專注。如果你習慣在做雜事的時候讓心思隨意發散，那麼你有可能就會隨便做做，當面對重要的事情，也會難以專注。

能夠專注的人，通常都忙碌得很開心。他總是有事情要進行，不會拖時間，也不會糾結在過去的失誤當中，影響自己情緒。

儘管人生有起有落，如果我們能夠領受自己最大的資產，即生命、真理和宇宙力量，它們就會遍布我們的人生，直到我們回歸與生俱來的永恆存在。

我們的意志要經過訓練，才能夠清晰、果斷和迅速地運作。真正知道自己每時每刻都在做什麼的人並不多，因為多數人都缺乏足夠的條理和嚴謹度來觀察自己的舉動。但只要一步一腳印地練習專注，培養清晰、果敢又敏捷的思維，這就不會是困難的事。如果你做事的時候帶著擔憂或急促的心情，你的主觀意識便無法對這件事有清晰的捕捉，你也因此不會運用意識去覺知自己的言行。

所以，訓練心思的嚴謹和專注程度，並且絕對誠實地面對自己，會讓你很快就發展出專注的能力。

專注力練習五——**訓練注意力**

將你的椅子拉靠近桌子，然後把手握拳放在桌上，拇指放在其他手指外，手背朝向桌面。讓視線來到你的拳頭，慢慢地把大拇指打開伸直，專注在這個動作上，把它當成是一件極為重要的事。然後慢慢地把食指、中指和其他手指都依序展開，讓掌心打開。接著把剛才的動作倒過來，從小指開始彎曲，直到你再次回到握拳的姿勢。一次練習一隻手，重複動作五次之後再換另一隻手，幾天之後你可以把次數增加到一邊十次。

你可能一開始會覺得「心累」，但是做這種單調的練習是很重要的，你會因此訓練到注意力，當然還有對肌肉的控制。一定要讓注意力緊跟著手的每一個動作，如果不這麼做，你就失去了這個練習的價值。

第六章

訓練行動的意志

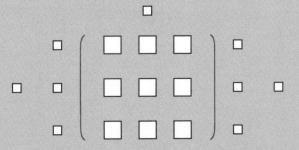

「行動的意志」是世界上最強大的力量，不僅攸關人類的成就，也沒有人能事先確定它的極限。

今日我們看來稀鬆平常的事，在幾個世紀以前是不可能做到的，「一切皆有可能」是我們現在奉行的準則。

行動的意志非常實用，但要解釋這個概念並不容易。你可以將它想成是電力，因為我們只能透過它形成的原因和作用來了解。它是一股我們可以運用的能量，使用它的程度愈高，我們對未來的影響力愈大。

每次你完成一件事，不論是在意識專注的情況下或是漫不經心，事情都會依著意志的運作原則來發展。你可以依照自己的意願去做任何事，無論它是對的還是錯的，因此你運用意志的方式會對你的生活產生很大的影響。

每個人或多或少都具有一點「行動的意志」。這是一股內在的能量，影響著我們的行為。你做的每一件事情，會決定你生命的力度，導致了習慣的養成，讓你過得愈來愈好，或愈來愈差。因此，你的意志與你學習到哪些知識、有哪些行為和成就，是直接相關的。

你可能聽說過，有人在特殊的情況下展現了超凡的力量，像是這個例子：一個農夫的家裡失火了，只有女主人在家，她身邊沒有任何人可以幫忙。她身形清瘦，是個力氣很小的人，但她卻在這危急時刻搶救出家裡的許多東西，後來還得出動三個男人才搬得動。在這個故事裡，她所運用的就是「行動的意志」。

> 天才，說穿了，就是竭盡所能地去做好每件小事的意志。小事做得好，便是為大事開啟了機會之門。

行動的意志會讓事情有更好的結果，因為我們的行動是來自於極高的專注力。我們可以把這種自主投入的力量運用在想要的地方，穩定地灌注在任務上，直到達成目標。當你學會如何運用，你的意志力就會變得強而有力，只要運用得宜，幾乎所有的事情都可以達成。意志力比身體的力氣還要厲害，因為它不僅可以用來控制身體，也可以控制心智和品德。

只有極少數人擁有完全發展與平衡的意志力，而具備這種能力的人很容易克服自己的弱點。

請仔細地觀察你自己，找出你最大的弱點，並用意志力來克服它，用這種方式把缺失逐一改善，直到自己建立起堅強的意志與特質。

當欲望升起，想想這是否可以為你帶來好處。如果不行，就用意志力將它去除；但如果這個欲望是正當又善良的，就要用上你所有的意志力，粉碎重重的阻礙來保有它。

難以做決定

這是意志的一個弱點：你知道應該要去做某件事，但因為缺乏決心所以遲遲沒有開始進行。不做比做還要容易，但你的良知告訴你應該要去做。絕大部分的人無法成功，是因為他們無法下定決心去做該做的事，而獲得成功的人則是因為能夠很快地決定要抓緊機會，這種意志力所帶來的明快決定，可以為自己增進修養、財富和健康。

特別的建議

接下來的一週，試著對日常的瑣事做出明快的決定。

設定好起床的時間，就固定遵守。如果有預計要完成的事，就要準時或是預先完成。

當然，對於重大的事情你會想要審慎考慮，但從明快地決定小事開始做起，你會變得更有能力，也會對大事情做出明快的決定。

千萬不要拖延，即使冒著決策錯誤的風險，也要盡快做出選擇。

對此進行一到兩週的練習，並留意自己進步的狀況。

缺乏上進心

這點也是很多人無法成功的原因，許多人會不自覺地去做跟別人類似的事情。我們常聽到這句話：「他夠聰明，但沒什麼上進心。」對這樣的人來說，人生好像是個無止境的消磨，要日復一日地做單調乏味的苦差事；而把人生過得還不錯的，則是抱著積極進取的心在充實自己的人生。

> 心理上的貧乏，最主要的原因就是缺乏上進心，缺乏為自己著想和努力的能力。

你有意志力，若能好好運用，就能嘗到許多生命的甘甜滋味。所以，讓意志力來幫助你吧，無須倚靠他人，我們要用自己的力量打人生這場仗。世界會為戰士歡呼，但不會理睬懦夫。

每個人的難題都不盡相同，所以我只能建議：對自己的處境和機會進行分析，並且好好地了解自己的能力和優勢。擬定提升自己的計畫，付諸實行。如同我前面所說的，別空談「我打算如何如何」，要開始有實際的行動。規畫要明確，在達成目標以前都不要放棄。

請抱持誠摯的心，把這些建議化作實際的行動，你很快就會發現驚人的效果，你的人生也會因此改變。

一個純粹動機的極佳座右銘是：

> 透過我的意志力，我敢於做我想做的事情。

你會發現這樣的肯定，有很強的效果。

堅忍不拔的精神

「無論如何都不放棄」的精神，就是致勝關鍵。

有些人走了很遠，然後放棄，但如果再堅持久一點，也許他們就會獲勝。也有些人積極上進，但他們缺乏專注力，讓自己的力量分散到許多地方，因此沒有得到很好的結果。

所以，你需要培養決心，其實就是行動的意志，接著努力不懈直到有所斬獲。不過，在開始之前，你需要弄清楚自己的目標是什麼，要選擇一條通往目標的路，而不是一條沒有目的地的路。這趟旅程要能為你帶來許多實質上的好處。

在創業時沒有先設定好預期目標，是很多年輕人的問題。但你要知道，一趟旅程中，起點的重要性並會不輸給終點，你所跨出的每一小步都應該要讓你更接近目標，而這個目標在事業草創之前就應該要立下。

缺乏努力不懈的精神，其實就是缺乏行動的意志。說「我要繼續」跟「我要放棄」所花的力氣是一樣的，但當你說「我要放棄」的時候，你就關上了自己內在的動力來源，決心也就跟著煙消雲散了。

別忘記，每放棄一次，你的決心就會愈來愈薄弱。每當你發現決心開始動搖，就要把專注力導向你的決心，用全然的意志力讓決心保持運作。

絕對不要在自己心煩意亂的時候決定任何事情。當你急躁的時候，通常會說出讓自己後悔的話。

當你感到生氣時，你會意氣用事，而非理性判斷。如果一個人做決定的時候不是處在一個對意念能完全掌控的狀態，那他會很難獲得成功。

因此，為自己訂立一條原則：你只在狀態最好的時候做決定。如果你是個急性子，可以透過倒數的方式來改善。倒數需要專注力，你可以藉此快速回復平靜，去除這種「慣性的脾氣」。

如果你可以回想上一次生氣時的想法和說了哪些話，會對你有很多好處，最好可以持續地這麼做，直到你像個旁觀者，不再跳進當時的情緒裡面。

你也可以把當時的情境以故事的形式寫下來，對扮演你的這個角色提出建議。

培養行動的意志該注意的地方

行動的意志是一種心靈力量，但需要正確的心態才能使它展現出來。我們平常會誇獎一個人「很有意志力」，但這其實並不正確。他們用上的頂多只是一小部分的意志力，大部分的力量其實都還沒被喚醒。

我希望你可以了解，沒有誰能夠擁有特別多的意志力，你並不匱乏。我們所說的意志力，不過是精神能量的集合，集中在一個點上的力量。所以，千萬不要覺得別人比你還要有意志力。意志力的多寡，是取決於你想要發揮多少，每個人皆是如此。如果你平時就習慣投入你所有的力氣，也就不一定要特別培養意志力。要記得，

你運用意志力的方式會決定你的命運，因為意志力會影響日常生活，而命運是由日常生活所累積的。

除非你能正確有效地使用意志力，否則會很難獨立自主並擁有堅定的性格，當你無法控制自己，就只能任憑自己受到外物的影響。

學習運用意志力，遠比學習知識來得重要。沒學過如何使用意志的人，很少會做發自意志的決定，都是讓別人的看法左右自己的選擇。這樣的人會在不同看法之間游移不定，也因此不會去做什麼了不起的事。但經過一番淬煉的意志，能夠讓人躋身卓越之列。

專注力練習六——**控制注意力**

1. 將右手放在膝蓋上，手指併攏，將食指向前舉起。
2. 接著讓食指緩慢地左右擺動，讓注意力跟隨你的指尖。

你可以自己設計類似的練習，這樣也會對你有所幫助。這種練習的大原則就是要簡單，以及要把注意力放在移動的部位。你會發現注意力似乎很想逃脫去注意其他比較有趣的事情，這就是練習的價值所在，讓你學習把注意力控制在你想要的地方，而不是到處飄移。

也許你覺得這些練習很簡單，沒什麼意義，但我保證你會在很短的時間內就發現，你對自己的肢體運動和風度舉止都有更好的掌握。同時，你也會發現自己專注的能力提升了，可以讓思緒都聚集在手邊的事物上，這是相當有價值的。

第七章

純粹專注的心理需求

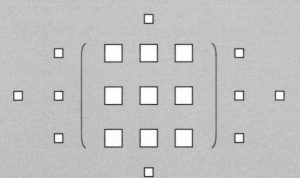

要有所成就，心理需求在其中扮演了重要的角色。內心的狀態會外顯於臉部表情，影響行為和生理狀態，因此也影響著我們的人生。

我想要教你的是，如何展現內心的力量來幫助你追求目標，但我無意在此討論促成結果的無形力量。聚精會神的心理需求，其實具有很大的力量，會為你帶來許多可能性。就跟其他的力量一樣，它也依照法則運作，也可以透過有系統的、持續不斷的努力來加強。

心理需求應該要以心智的力量去引導，然後用各種方式將需求化為實際的行動或成果。你可以藉由對某個東西的極度渴望，而排除所有令你分心的想法，若你發揮的是這種一心一意的專注力，直到達成目標，那麼你便擁有了能達成任何事情的意志。

> 如果你只做平凡無奇的事情，就會被淹沒在茫茫人海當中，但如果你能勝過別人，哪怕只是一點點，就是一種成功。

所以，如果你想要躍升為卓越的人，就要做點一般人不會的事。要做到這點並不難，只要發揮專注力在你的渴望上，並且付出努力。能夠贏得賽跑的，並不是腿最長或是肌肉最結實的人，而是拿出最強企圖心的人。

就拿引擎來比喻，剛啟動的時候引擎慢慢地運轉，當使用者把節流閥漸漸開到最大，引擎才會達到最高轉速。

這在賽跑也是一樣的，起跑之後，想跑得更快的渴望會逐漸升高，最終獲勝的，將會是最渴望贏的跑者。也許只差了零點幾秒的時間，但這就足以讓他摘下獎牌。

世界級的成功人士不見得具有最強健的體魄，也並非在一開始就如魚得水或是天生的奇才，但他們贏在獲取成果的決心。他們不讓挫折削弱自己的心靈，也不因困難而感到害怕，沒有什麼事情會讓他們背離自己的決心，也從來不會遺忘自己的目標。

我們每個人，都具有無形的美妙力量，若能好好發展這樣的力量，就能突破看似無法克服的阻礙。那股力量會一直把我們推向偉大的成就，我們愈是熟悉這股力量，就愈能拿出好的謀略、無比的勇氣，也會因為內在的渴望，更加積極地在各方面展現自己。

一個意識到這股無形力量可以形塑自己命運的人，不會是失敗者。但對這股內在力量一無所知的人，就無法對未來有明確的願景，外物也不會順著你的心意發展。是你內在的決心讓成就變得可能，一旦心意已決，這股力量就不會停歇，直到目標達成。

為了達成目標，有時候你得用上所有的心力去執行，你得要把自己的耐心、毅力，以及各種不屈不撓的精神都準備好，以最有效率的方式運作。

堅持不懈是成功的第一要素。你需要不斷地運用自己的力量，作為努力的燃料。你要把意念專注在當前的要務上，在達到目標之前，要用你所有的能量去做到這點。如果無法做到，那其他的努力也會打折。

你不免會懷疑心理需求的真實性，因為它難以定義，也不容易理解，但卻是世上最強大的力量之一，也是你隨時可以取用的能量，別人無法為你代勞。

心理需求也不是虛幻的東西，它是一股強勁的力量，而你可以自由地使用。當你感到困惑，它會給你建議；當你遲疑不定，它會給你指引；當你感到害怕，它會給你勇氣。它是一股動力，滋養著達成目標所需的各種能量。

你其實擁有各式各樣的發展可能，在內心呼求會讓這些可能成真。它供給你成功所需的一切，為你選擇達成目標的利器並教你如何妥善地運用，它也讓你能洞察情勢。每當你使用心理需求，就是在強化腦部的中心，汲取外界的力量。

很少人能了解心理需求的力量。你可以加強心理需求的力量，你甚至可以因此不用與人交談，就讓他知道你的意思。你是否曾經有過這樣的經驗：想要跟朋友討論某件事情，但在你開口以前，他就先跟你提起同一件事？或者，你寫信給朋友提供一個建議，但他其實在收到信以前就已經開始進行？你是否曾經想找個人，而他就很剛好的走進來，或者打了電話給你？我自己就發生過這種想法得到回應的事，你與身邊的人一定也不例外。

這些絕非巧合或意外，而是源自高度專注力的心理需求，最終產生的結果。

> 如果一個人想要達成目標、有所成就，堅定的心理需求就是第一步。

需求的力量無窮，作用無邊無界，向外在的世界投射出去，將成事所需的條件和機會化為具體。

請別覺得我誇大了，心理需求的價值，若能以正直的方式運用，它的確可以讓你的人生更加豐盈。當你發出心理需求之後，要記得繼續維持它，否則你和成就的欲望之間會斷了連結。

因此，你需要花點時間把信念的基礎建立好，將自己的懷疑心都化解。只要你有所懷疑，需求的力量就會變小，要下許多功夫才能讓它回復。每當你發出心理需求，就要對此抱持堅毅不搖的信念，直到達成目標。

我要再次強調，心理需求並不是虛無飄渺的東西，你可以自由地取用這份力量，也只有你可以使用。這不是什麼法術，只是需要用到大腦的中心。如果你有強烈的決心，那獲得成功只是時間早晚的問題。

若人無法清楚意識到他內在的這股力量，那他的成就相對有限。如果你還沒對此有所覺察，那你的人生至今可能也還沒取得多少成就。這股力量就是讓人出類拔萃的原因，也是這股微妙的力量，讓人養成強健的人格。

如果你有很多想要達成的目標，就別吝於發出需求。心理需求一旦產生，你就可以期待未來的成功。

一切的決定權都在我們身上，努力會累積成果實，心理需求的力量會讓我們能夠達成願望，成為自己想要成為的樣子，命運就在我們手裡。

抱持著正確的態度，再加上你的能力，就可以獲得成功。

每個平凡人，也就是放眼望去在你周遭的一般人，如果可以做到以下兩件事，其實都可以成功、獨立自主、免於擔憂，成為自己的主宰。

第一，他想要變得更好，並不滿足於自己現在和過去的表現。

第二，建立信念，在他的字典裡沒有「不可能」這個字，並且相信自己能妥善運用自己的意念。

許多人，尤其是年紀大的人會問：

「我該怎麼建立信心？」

「我灰心喪志了這麼久，一直做著無趣的事情，怎麼可能突然間就滿腔熱血地執行什麼改變單調生活、讓人生更有意義的計畫？」

「一個長年墨守成規，一步步走向墳墓的人，要怎麼打破積習？」

答案是：你一定做得到，因為已經有無數的人做到了。

利特雷是法國最著名的偉人之一，他編纂了一部宏大的法語辭典，為後世的學習立下了一個里程碑。他的後繼者是獲選為法國科學院院士的巴斯德，取代了他在法國四十位不朽的人物之一的位置。

而在利特雷開始編纂這部讓他名留千古的辭典時，他已經六十多歲。

專注力練習七——**增進嗅覺的敏銳度**

1．在戶外散步經過花園，或開車到鄉間小路時，把專注力放在花草的氣味上，看你能夠分辨出多少種。

2．接著從中選定一種氣味，專注地去感受它，這將會大幅加強你的嗅覺能力。

3．要能分辨出不同的氣味，需要專注的態度。你在練習時，不僅要放掉所有雜念，還要放掉對其他氣味的感知。其他的氣味，就留到下一次再來認識。

練習嗅覺的機會有很多，當你到戶外就可以對氣味多加留意。你會發現空氣中帶有各種氣味，只要選定一種，你所付諸的專注會讓你在多年之後，只要聞到這個氣味，就能回想起當時練習的情境。這個練習是要培養聚焦的注意力，你將能夠掌控你的心智，像舉起手臂那樣指揮你的思緒。

第八章

專注會帶來平靜的心

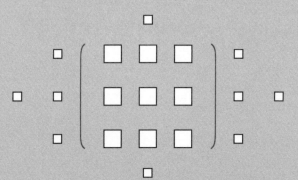

你應該可以觀察得出來，專注的人內心平衡寧靜，但心思游移不定的人則容易心煩意亂。

在不專注的情況下，你所需要的智慧便無法從潛意識進入你的意識之中，也就是說，你無法產生睿智的想法。若能專注，你的心就會平靜，意識和潛意識才能和諧順暢地運作。

「如果你經常處在心神不寧的狀態，應該試著養成習慣去閱讀一些可以讓你感到平靜或療癒的文章。」

當你感覺平靜感要消退的時候，在心中默念「靜」，並且把心念維持在這上面，你就不會失控。

如果心無法平靜下來，你將無法進入高度專注的狀態。所以，要時常保持平和的想法和行為，直到任何外界的人事物都無法影響你內心的平靜。若能做到這種程度，你就可以很容易地專注在任何事情上了。

內心平靜的時候，你不會感到擔憂、害怕或不自在，也不會讓自己受其他想法左右，恐懼會被你丟在一旁，你會感覺自己是天賜的明亮火光，是遍布宇宙的真理化身，你來自於宇宙的無限本質，也有著無限的可能。

在一張紙上寫下：

> 我有能力做到我想做的事，也有能力成為我想成為的樣子。

時常把這句話放在心上，對你會有很大的幫助。

錯誤的過度專注

為了要在事業上獲得成功，你必須培養專注，但要小心別把工作帶回家，讓事業占據你過多的心思，否則你會蠟燭兩頭燒，耗損的生命力會比你預期得還要多。

有很多人在上教堂的時候無法專心聆聽牧師的佈道，或是連一場電影都沒辦法好好享受，因為心思都還在工作上。到了睡覺時間，也是躺在床上想著工作，還不曉得自己為何失眠。這樣的專注不但不正確，也是有害的，並非你自主發出的專注。當心思被占據而你無力掌控制時，是有礙身心健康的，任何盤踞心思的念頭都會造成身體的疲乏。

要能控制自己的思想，而不是讓思想控制你，千萬別犯這樣的錯誤。要成功就必須先做自己的主人，若無法對專注有所控制，健康會出問題的。

所以，別對事情投入到你無法放下它去做其他事的程度，這才是正確的自我控制。

專注力是對所選擇的意念投入關注

每個掠過眼前的東西都會在潛意識產生意象，但如果你沒有關注其中特定的東西，你就不會記得自己看見過什麼。舉例來說，如果你在繁忙的街上沒發現什麼引起你注意的事情，那你可能就想不起來自己到底看到了什麼。所以，可以這麼說：你看到的都是你有留意的地方。

當你在工作的時候也是這樣，你只會看見和記得你所想的事情。當你專注於某件事物時，它會占據你全部的思想。

自我學習的價值

每個人都有些日積月累的習慣，這是可以透過專注力去改變的。舉例來說，你經常抱怨，或是常對自己或他人感到不滿；又或者，覺得自己缺乏某些能力，比別人差，不太可靠；或是抱持諸如此類的想法，認為自己不夠好。你應該要拋棄這些想法，用充滿正能量的思想取代之。

要記得，每當你覺得自己不好，就是在讓自己成為你心裡想的那樣，即使你沒發現，但這就是我們的心智運作的方式，內心的狀態會讓我們成為那樣的人。

好好地觀察你自己，花費多少時間在苦惱、擔心和抱怨。你愈常這樣，狀況就會愈來愈差。

若你發現自己產生了負面的思想，應該要盡快停止，將之轉化為正面的想法。當你覺得自己會失敗，就要試著轉而想著成功的可能。你本身就蘊含了成功的源頭，若可以細心地呵護這樣的想法，就像母雞在孵蛋那樣，最終成功一定會實現。

你可以引發周遭的人產生跟你一樣的感受，因為一個人的感受所散發出的振動頻率，會被別人接收到。當你專注在某件事情的時候，就是在把振動的輻射導向它。思想就是那股力量，引導著生命所散發的振動。

如果有人覺得自己無足輕重，當他走進一個房間，裡面的人也會無視他的存在。除非有看到，否則沒有人知道他的出現；即使有看見他，也不會記得有這樣一個人，因為他們根本沒有留意到他。

但如果他走進去時，是抱著覺得自己很有魅力的心情，並且很專注在這樣的想法上，那麼別人就會感受到他的頻率。

因此，要記得，你的感受可以引發別人產生跟你一樣的感受，這就是它作用的法則。讓自己成為一個專注又精力充沛的發電機吧，將你的思想能量傳遞給別人，你就會是世界的強者。所以，你應該要學習精通這門藝術，因為你所缺乏的情感，別人是無法感受到的，如果你缺乏愛，別人也很難對你產生同樣的感受。

若你去研究那些歷史上的偉人，你會發現他們都充滿熱情。他們先展現了自己本身的熱情，才能引發別人的熱情。每個人都具有潛藏的熱情，若能被喚醒，會是很美好的事。每個從事公眾事務的人都必須展現出這樣的特質，才能邁向成功。

當然，滿懷熱情是需要集中精力來培養的，建議每天花一點固定的時間，熱切地跟自己的靈魂對話。帶著衷心的渴望和悔悟的心情進入內心世界，你就會從中獲得成果，這就是成功的關鍵。

> 保持思想、言談、行動都符合你所希望的那樣，你就可以成為自己想要的樣子。

你是怎樣的人，是由你內心的想法決定，而不是由你看起來的樣子決定。因為你騙得了別人，但騙不了自己。你可以主宰自己的人生，如同你控制自己的手那樣，在你舉起手之前，得先有把手舉起來的想法。

所以，如果你想要主宰自己的人生，就得先對自己的想法有主控權。這並不難，對吧？真的不難，只要專注在自己的思想即可。

「唯有出於個人意志，才能真正有所作為。」

醫生尤斯塔斯・米勒曾說：

「該如何保持專注？這個問題的唯一答案，就是運用興趣和強大的動機。動機愈強，專注度就愈高。」

無法專注，以及深受負面思想所苦的人，都是非常無助、終究會需要別人來看照的人。

因此，你需要進行訓練，專注並加強自己的意念，發揮大腦的潛能，才不會變得懶散，總是想放棄。如何集中、專注思想是最重要的關鍵，你的思想會成為一股持續的力量，讓你不會浪費時間在對自己沒有幫助的事情上。你會對想法精挑細選，因為那是讓你達成目標的途徑，想法終將化為現實。

無論我們在思想裡創造了什麼，都會有實現的一天，這是個定律，千萬別忘記。

從前的生活型態，人們漂泊不定，但現在是個講求效率的時代，如果想要獲得實至名歸的成就，我們要盡可能地讓每一分使出的力氣都是經過淬煉的精華。

「為何人經常無法獲得想要的，這是因為他們總是坐以待斃，等待想要的東西自動降臨。」

但如果他們願意付出最大的努力去爭取，就會發現這其實是他們能力範圍內的事。限制我們的，正是自己。

內心的狀態，造就了我們今日的樣子。因此，我們可以運用意志，掌握外在的世界。

透過專注力，我們便跟宇宙的力量和諧同在，所產生的結果，就會是我們想要的。

你一定看過賽跑，選手們從起跑線出發，每個人都想要在終點贏過別人，這就是一種專注。他會開始有一個念頭，接著還有各式各樣的念頭，但因為專注力，他只選定一個念頭並把其餘的關上。專注力其實就是願意，並且不斷地去做這樣的事情。

如果你想要成就任何事，首先要讓自己保持專注、平靜、開放包容的心態。若是正在處理不熟悉的事務，慢慢地、從容不迫地加快速度，你就能獲得那種內在能量，當你過度地思考，或是急著想要趕快有結果，反而會阻斷你內在創意的流動。你一定也有過這樣的經驗：絞盡腦汁也想不出的東西，卻在你停止思考、放鬆的時候突然浮現出來。

專注力練習八——重拾活力

平躺並放鬆全身的肌肉，專注於你的內在，專注在自己的心跳上，別去注意其他的地方，想想這個了不起的器官是如何把血液輸送到身體的各個部位。試著去感受血液離開心臟直達腳趾的畫面，再感受另一個血液流經手臂抵達手指尖的畫面。這個練習可以讓你實際地感受到血液在身體的流動。

每當你感覺身體有疲累的地方，就利用這個方法讓更多的血液流向那邊。舉例來說，如果眼睛疲勞，就讓自己去感受血液從心臟流出，經過頭部流向眼睛的意象，這麼做可以讓你有效地重拾活力。

有一個非常棒的練習，可以在睡前和起床後進行。請對你自己說：「我的每一個細胞都與生命一同歡欣地振動，我全身上下都充滿健康強壯的氣息。」

有些人因為這樣練習，健康狀況獲得大幅的改善。你的意象會為你帶來同等的經驗，如果你心裡總是想著無法擺脫的疾病，你就很難健康起來；如果你的意象是一個精力充沛又健康的自己，你就可以成為那樣的狀態。

第九章

專注力讓你改掉壞習慣

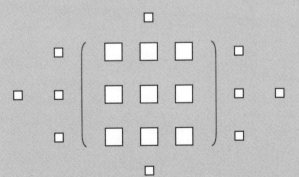

習慣可以幫助我們培養專注力，但也會阻礙我們的專注力。這些助力和阻力帶來的影響，遠比我們願意承認的還要大。因此，我們要去克服那些妨礙專注的習慣，並養成有利專注的習慣。

大多數的人都不由自主地被自己的習慣所控制，就像海上的漂流木，任由海浪一波波地拍打推進。由於慣性力量所致，他們的做事方式很固定，很少會去思考自己為何要這樣做或那樣做，或是想個更好的方法來做。

這個章節的目的，就是讓你注意到自己的習慣，這樣你就會知道哪些習慣對你是好的、哪些習慣對你是不好的。你會發現，只要做出幾個必要的改變，即使是不好的習慣也會變得對你有益，而好的習慣還可以變得更好。

我想讓你明白的第一件事是，所有的習慣都是受到意志有意識或無意識地支配。我們的許多行為經常在替我們養成新的習慣，通常，如果你用同樣的方式重複地做一件事，幾次之後你就會養成用那種方式做那件事情的習慣。你愈常重複它，慣性就愈強，深深地植入你的性格之中。所以一個存在已久的習慣，幾乎就是你的一部分了，因此變得很難改變。但是，你可以透過專注在與之相反的事情上，來改變任何習慣。

我們的一生，就其確定的形式來說，不過是一些習慣——實質上的、情感的和思想——無論好或壞有系統地組織起來，並以不可抗拒的力量將我們推向命運，無論那所謂的命運是什麼。

我們就是由習慣所組成的生物，不斷模仿或複製過去的自己。我們就像一張紙，可以被「摺」或「捲曲」，而每次的摺疊都會留下痕跡，讓下一次的摺疊更加容易。

思維和意志是我們的靈性功能，但並不脫離我們物質性的身體，它們的運作都反映在大腦的活動，大腦就是思維和意志活動所牽動到的物質。身體的各種活動和現象，都是為了執行你的意志和想法，我們使用神經系統的方式，決定了它所具備的性質與樣貌，這就是思想和意志可以形成習慣的原因。

當我們年紀愈來愈大，很多人就變得愈來愈像自動化的機器，過去所形成的習慣，慣性會愈來愈強，我們習慣以老方式與人互動，親友也因此覺得你不會改變。由此可見，習慣在我們的人生具有舉足輕重的角色。

事實上，養成好習慣跟養成壞習慣的難易度是一樣的，你應該選擇前者，你也是唯一該對自己的習慣負責的人，應該要自由地去選擇，為自己建立應有的習慣。如果每個人都可以了解養成好習慣的重要性，這個世界就會很不一樣，大家也會快樂許多，會有更多人能夠擁有一番成就。

年幼的時候，習慣的養成會比較快，但如果已經過了那個可塑性較高的年紀，現在就是你掌控習慣的最佳時機，因為時光不會倒流。

以下有幾條值得奉行的守則：

「守則一：我們要讓神經系統來幫助自己，而不是束縛自己。」

「守則二：在養成新習慣、掃除舊習慣的同時，要特別留意，盡可能讓自己抱持強大明確的決心。」

若從小就養成了行善的習慣，代表你有善良的動機，而現在你可以更進一步，在做同樣的事情時投入專注，讓身邊的一切都成為你的助力，你的善心會因此得到更多的迴響。壞習慣的養成就像引火自焚，所以就從今天開始，好好地觀察自己為什麼會有這樣的習慣，若發現這是對自己有害的，應該立即避免。別對誘惑投降，每當你這麼做，就是在加深這個循環，但如果能保持你的決心，就可以打破這個循環。

守則三：在新的習慣扎根於生活之前，千萬別讓自己破功。

你絕對不能屈服，否則先前的努力就白費了。通常你會有兩種心理，一種立場堅定，另一種則想要屈服。你可以透過意志選擇立場堅定的那邊，重複幾次之後你就會愈來愈堅定。請穩固你的意志，好讓自己可以戰勝所有誘惑。

守則四：下定決心之後，就要把握住第一次能夠做到的機會。當你做到，隨之而來的鼓舞情緒會讓你彷彿置身在想要形成的習慣之中。

一個不被貫徹的決心，是沒有什麼價值的。所以，無論如何都要堅持你所下定的決心，這個決心本身不僅對你的心靈有益，還會牽動你的身體，讓腦細胞和其他生理機制自我調整，準備執行你所做的決定。

「想要付諸行動的意圖，會隨著行為實際產生的頻率而變得根深柢固，大腦也會因此『成長』，以利於產生這樣的行為。從這個角度來看，若任何決心或是振奮的感受在開花結果前就凋零，你所失去的就不單純只是一個機會而已。」

如果你貫徹了決心，就等於養成一個極具價值的習慣；若半途而廢，就等於養成了一個極度有害的習慣。請用專注力來培養習慣，要記得，各種習慣的養成都同等重要，無論大小，因為你的目標是在養成。

守則五：每天都做點練習，活絡努力的機能。

我們對意志運用得愈多，就愈能控制自己的習慣。「每天都做一點困難的事，好讓自己能隨時游刃有餘地應付突發狀況，不被擊垮。」這種苦行就像是你平常為房子或車子買的保險，平時繳的保險費可能對你沒什麼好處，也可能以後根本用不上，但如果發生火災，這些花費就會轉變為即時的理賠。如果一個人每天都能為自己投保專注險、精神能量險和自我克制險，「當局勢動盪，身邊的人都搖搖欲墜時，他依然會屹立不搖。」

年輕人應該要學習對自身習慣保持專注，並深刻了解，這麼做才不會讓自己成為一具行走的慣性機器。最好是在年輕的時候，趁著可塑性高，趕快替未來打下良好的基礎。

「一個人成也習慣，敗也習慣，千萬別低估了這個道理。「習慣就是藏在人性深處的法則。」

沒有人能比自己的習慣更強大，因為如果你的習慣沒有讓你更強大，就會讓你逐漸凋零。

為什麼我們是仰賴習慣的生物

習慣是一種可以節省力氣的機制，一經養成，執行的時候精神上和身體上所消耗的能量都會比較少。習慣成形愈久，我們就愈覺得自然而然，「習慣成自然」就是這樣來的。

所以，養成習慣是我們的本能，讓我們以更節約能量的方式運作，若沒有這個機制，我們大概就會時常保持在用力觀察的警戒狀態。例如穿越街道，若有停下腳步看紅綠燈的習慣，我們就可以安心過馬路。

有益的習慣可以讓我們避免犯錯或發生事故。大家都知道，駕駛員要對開車夠熟練，讓身體養成習慣性的動作，才能提升行車安全，若出現緊急狀況，他馬上就知道該怎麼做。像這種仰賴快速反應以確保安全性的例子，我們就需要養成自動化的動作。依照習慣運作也代表低風險、不容易累，以及較高的準確度。

你應該不會想要被這種瑣碎的習慣給綁住：華格納要穿上與歌劇情節相應的服裝才能譜曲；如果席勒的抽屜裡沒有放一顆爛掉的蘋果，好讓他不時地聞一點他喜歡的腐爛氣味，他就沒辦法好好寫作；格萊斯頓有好幾張辦公桌以滿足他的不同事務，因此當他在研究荷馬的作品，就絕不會去使用他平時處理法案的桌子。

為了改掉你不想要的習慣，必須做到兩件事。一是，你需要鍛鍊意志，讓它為你所用。你想要改善的意願愈強，要改掉習慣就愈容易。其次，你要下定決心去做違反原本習慣的事情，用它來取代舊習慣。如果你的意願強大，就可以專注地去除壞習慣，要不了多久，新的好習慣就可以壓過原本的壞習慣了。我就以奧本海默博士對克服積習的看法來做本章的結尾：

> 如果你想要擺脫一個積習，以及它所為你帶來的影響，你必須要認真嚴肅地跟他肉

搏，就像在面對歹徒那樣。你必須以決心跟它做各種纏鬥，使勁地揮拳——沒錯，甚至是用復仇的心態來打贏他。任何一個敵人都比不上殺人於無形之中、冷酷無情又絕不罷休的壞習慣，它從不休息，也不需要休息。

壞習慣也像隻寄生蟲，吸取你體內的養分長大，去除它的最好辦法就是強行取出，當場殺死。

當你的生活陷入風暴，什麼事都跟你過不去，這往往就是我們開始養成壞習慣的時候，但也是在這個時候，即使心中有完全相反的感受，我們也要付出最大的努力，本著良善去思考和發言。再怎麼微小的努力，背後也會有一股偉大的力量在支撐，我們也會因為這份努力，而獲得從未有過的領悟。

我們成長最多的時候，從來都不是在人生最如意順遂的時刻，因為那時你不須特別努力就能保持生活協調。但是，當試煉和苦難現前、當我們感到向下沉淪、被淹沒之時，就更要理解我們依然與偉大的力量相連，如果我們依著這股力量以應有的方式過著，人生就不會有什麼能對我們造成永遠的傷害，也不會有什麼能擾亂內心的平靜。

要時常提醒自己，你的內心具有無窮的力量，隨時可以依照你當時的需求以各種形式出現在你的面前，可能是一個幫助你的人，可能是一個重要的案子，也可能是一句提點你的話語。

當我們遇到困難，若能保持安定沉著，靈感就能浮現，我們便會知道該怎麼做，無須催促自己，把自己弄得心煩意亂。平靜等待內心的指引，永遠勝過隨著外物反射性地衝動行事。

專注力練習九——**專注睡眠**

這又稱做水杯助眠法，雖然簡單，卻能有效地幫助你入睡。

1．在你房間的桌上放一杯水，坐在桌邊的椅子上，凝視著那杯水，去感受水的寧靜。

2．接著想像你自己進入如水一般寧靜的狀態，你的神經很快就會安定下來，你便可以入睡了。

3．有時候想像自己昏昏欲睡的樣子也會有用。同樣的道理，也有人透過想像自己是個靜止的物體來克服長期失眠，例如寧靜森林裡的中空枯木。

長期為失眠所苦的人會感覺這些助睡練習能有效地讓神經安定下來。重點是不要認為睡覺是困難的事，放下對失眠的恐懼，好好地做這些練習，你就可以入睡。現在你應該對專注的各種潛能以及它在生活中的重要性有所體認了。

第十章

專注力能讓你開創事業

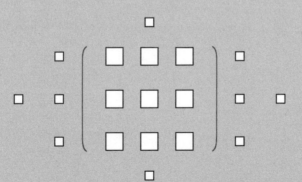

事業會成功通常不是偶然，失敗也並非單純運氣不佳，但若能深入了解一個人，就能對他的成敗窺知一二。要在剛起步就能賺錢並不容易，計畫經常趕不上變化。創業的過程中總免不了要不斷修正，有時這裡需要進行微調，那裡需要做得大一點，在事業擴展的同時，你也會增進自己的能力，對於讓事業成功會有更強烈也更持續的渴望。

當你開始創業時，也許對於該怎麼執行還不是非常清楚，但隨著你往前走，要記得投入專注，把所需的細節都填滿。當你把事情逐一安排清楚，其他需要你投入的事情就會接著出現，如此一來，你就會漸漸完成重要的「第一步」，機會也跟著降臨。

當你實現了一件你想做的事情，下一個目標就會出現；但如果你沒有去完成既有的目標，也就不會有下一個。

> 一個沒有將想法付諸行動的人，就只是一個空有夢想的人。

如果你的欲望單純、強烈，又一直存在你的心裡，這就是一股很棒的創造力。這股欲望會不斷促使我們採取行動，在實踐的過程中也會增進我們的能力、開闊我們的視野。

每個取得成功的人，都是得之無愧。一個人在剛開始的時候，並不知道如何解決後來陸續出現的問題，但是對於每一件眼前的事情，他都盡可能地去做到最好，這就會培養他成就大事的能力。

學習把每一件事情做好，我們才能事業有成。若能對事業領域擁有全面又完善的知識，就可以更輕鬆地在其中運籌帷幄。一位像這樣的領導者，不用走出他的辦公室也能掌握許多事情，例如當專案的進度出現延遲，他會馬上掌握狀況，並且提出補救辦法。

事業的成功有賴於專注的努力。你需要用上每一道心力，當力量被使用得愈頻繁，就會日益增長。所以，今日付出愈多努力，你就會有愈多力量讓你完成明天的挑戰。

如果你現在是為別人工作，但想要自己出來創業，那就要仔細想想你真正想做的是什麼。當你想清楚了之後，這個藍圖就會深深地吸引你，而這世界奇妙的地方就是，一定會有機會讓你去完成你真心想達成的事。不過，在這股欲望的背後，你當然要付出實際的努力，並將欲望化為力量，一旦力量成形，而你也繼續維持著當初的決心，你就是在走向目標的路上，無論你自己有沒有發現。

把心放在目標之上，對此集中意念，以聰明才智發揮力量，你的抱負就會在適當的時間實現。

「讓自己置身於成功的氛圍中，並抱持信念，相信你是一個成功者，把自己放在需要他人的認同與支持裡，這些想法就會為你帶來成功所需要的一切。」

別對重責大任感到畏懼，要帶著勇氣與堅毅朝它走去，嘗試所有你認為可以走向成功的途徑。你也許不會在一開始就拿到滿分，但如果目標遠大，即使現在只有八九十分的水準，也已經有了一定的成就。

有些事情即使別人做過，你也一樣可以做，甚至可以去做別人做不到的事。要將成功的欲望放在心上，熱愛你的目標以及伴隨而來的工作，盡可能讓最多的人得到最大的利益，你的人生就不至於會失敗。

要培養成功的經營態度，即看見自己與他人的美好，才能把人生過得淋漓盡致。這種態度會讓人展現出美好的一面，不斷地讓自己更好。

在人生的長程旅途中，關鍵不在於偶爾的衝刺，而是在於持之以恆的努力，因為突然且短暫的衝刺會加速你疲勞，讓你無法繼續下去。

要聽自己的聲音，別讓他人的意見蓋過你的聲音，它們都同樣重要。一旦你做了決定，就要遵循，別再懷疑或動搖自己的判斷。如果你對自己的每一個決定都無法肯定，那就會被自己的疑慮和恐懼給困住，使判斷力下降。

一個人若能本著正念去做決定，並且從錯誤中學習，他的思想就不會偏頗，因此能獲得最好的結果。他會獲得別人的信任，大家會知道他是個很清楚自己想要什麼的人，不會像天氣一樣變化多端，任誰都會喜歡跟這種值得信賴的人做生意。在商場上，不確定性將會降低你受歡迎的程度，有信譽的公司會選擇跟有明確實力、立場堅定、判斷力佳又可靠的人來往。所以，如果你想要自己建立一番事業，除了健康以外，你最大的資產就是良好的信譽。

如果可以把心力專注地投入，建立成功的事業就不是難如登天的事。只有無法把心思安定下來、不知道自己想要什麼的人，才會讓自己陷入困境。我們曾經聽人說，做生意就是壓力測試，但事實上，真正的壓力來源並不是做生意，而是擔憂和不確定的心態。執行計畫也許會讓你感到疲累，但休息可以讓你有享受過程的感覺，如果沒有其他不尋常的外力影響，你耗費的能量是可以補充回來的。

透過每天適度地專注於工作上，你會發展出更多能力以應付接下來的挑戰。就是這種循序漸進的成長，讓偉大的成就變得可能。懂得平時努力，每天都累積一點成果的人，就會到達他想去的地方。當一天結束的時候，你應該要朝目標又前進了一點。要把這個思維放進心裡：你的目的就是要往前，只要每天都有所推進，你就離目標愈來愈近。

只要下定決心去找到成功的路，即便無法知道哪個方向會通往成功，也可以繼續向前。只是一旦啟程，就別走回頭路。

就算是聰明絕頂的人，也無法完全了解心智的潛在力量，因此人通常都會低估自己的能耐。你不會因為一件事從來沒人做過，就覺得這是不可能的任務，人每天都在做以前沒做過的事，而且進展的速度愈來愈快。以前，要花上數十年的時間才能把事業發展到一定的規模，但現在只需要幾年，甚至幾個月的時間就可以做到。

仔細規畫好每一天的活動，你就可以達成任何你所設定的目標。如果你都是抱持簡潔又專注的意念在做事，你就可以完成許多質量兼具的工作。你會發現，跟不做規畫比起來，做好規畫會讓你完成更多事情。我自己就證明過，一般企業的人力其實可以只用六小時就完成八小時的工作量，且無須額外花費資源。所以，別以猶豫不決和不明確的態度進行任何事情，要以肯定又認真的態度來面對，這樣才能專注，並且產生有幫助的想法。不僅如此，你還會很快地發現自己有多餘的時間來做更遠大的規畫。

透過意念相吸的法則，天生的領導者會在他所關注的議題上，看到別人的意見裡適合採用的部分，這是個很重要的道理。

如果你有好好在專注和意念上下功夫，就能從別人的想法中受益；同樣的道理，如果你具有良好的價值觀，就可以利益他人。

「我們繼承了世世代代的資產」，但我們得知道該怎麼善加利用。充滿自信、積極進取、懷抱希望又有決心的人，會對身邊的人產生影響力，在別人身上激發出同樣的特質，你會覺得他是值得學習的對象，他也會感受到你被激發的特質，從而產生鼓舞。

一個人如果做任何事都無精打采、毫無活力，是不可能獲得成功的。要建立事業，在實踐之前你必須先在腦海中勾勒出它的樣子，並且愈來愈清楚。每件偉大的事情，在剛開始的時候都只是某個人的一種憧憬，一個意象。之後，裡面的細節會一個個地變得更清楚，然後具體的想法會成形，最終達到的其實就是那個意象伴隨的物質成果。

今日的人，已經不再只著眼於現況，放眼未來和預先計畫也是很重要的，如果不這麼做，就很可能會輸給有做好規畫的競爭對手。我們今日所做的事，其實就是來自於過去許多人的各種想法和計畫，所有擴張的事業版圖都是這樣來的，這也就是為什麼今日的企業家可以在幾年內就完成上個世代得花一輩子才能做到的事情。

照理來說，你建立事業的目的並不是要把自己累垮，所以當你發現有這種跡象，就代表其中出了問題，你的想法與所為可能有些不相容的地方，你可以藉此檢視自己。從事不符合自己性情與專長的工作，是最累人的事了。

> 每個人都應該從事自己所熱愛的事業，去提倡自己認同的理念，這樣才會全心投入，並且樂在其中。

如此一來，在你不斷成長和發展能力的同時，也會透過工作真誠地為人奉獻服務。

事業會成功，並不是因為隨機的運氣，而是將想法和計畫付諸實行，並以積極進取的態度來面對和管理的結果。要善加利用心智的力量，這樣它才會增長。別忘了，你所做的每一件事情都是心智活動的結果，因此，你可以完全地掌控自己。

沒有什麼是不可能的，別害怕面對困難。成功與否，就在於你如何運用心智，這種能力有很大的發展空間。想像你將心智完全發揮的樣子，並且帶動周遭的人。你可以試著去開闊旁人的視野，從更高的角度俯瞰全局，你也會對人生有更寬廣的看法。

你害怕背負責任嗎？

責任有助於靈魂的發展，你必須依循宇宙法則來讓靈魂發展。整個世界都是你可以活躍其上的舞臺，但你又具有多大的野心呢？你付出了多少努力呢？還是害怕責任，能閃則閃？如果你是這樣的人，那其實你還沒活出真正的自己。若你的意識能到達更高的層次，你是不會畏縮的，你需要讓這股更高的意識灌注在你身上，當你遇到挑戰，你會發現自己充滿力量，也會有更踏實的心理。

專注力練習十——**減少擔憂、煩躁的情緒**

觀察自己是否有些小習慣，像是玩自己的手、用手指敲桌面、摸自己的鬍子等，有些人就有不停地抖腳、用腳掌點踏地板的習慣。

練習照著鏡子，看看自己有沒有皺眉頭或產生抬頭紋的臉部表情。你也可以看看別人，有的人會一邊講話一邊不自覺地做出表情。任何讓臉部產生皺褶的動作最後都會導致皺紋，臉部肌膚就像絲一樣滑順，幾次的褶疊它可能還會自行平復，但若是長期地重複產生某個表情，皺紋就回不去了。

如果你是個連雞毛蒜皮的小事都會操心的人，就對你擔憂的小事練習專注，你會發現這些擔憂都非常多餘。如果你是個很容易因為小事情生氣或緊張的人，就要在當下馬上覺察，然後練習深呼吸，對自己說：「我不是這麼軟弱的人，我是自己的主宰。」這樣你很快就可以克服這種狀況。

第十一章

專注在勇氣之上

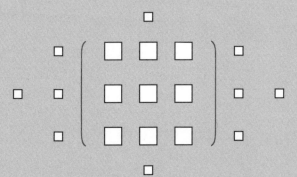

勇氣是一個人的支柱，使人有毅力，言談皆發自信念，進而付諸實踐。有勇氣的人也會有信心，他發展出使自己更加堅強的道德特質和心靈力量。然而，缺乏勇氣的人則會發展出各種軟弱的特質，例如搖擺不定、多疑、猶豫不決，以及三分鐘熱度。現在你可以了解專注在勇氣上的價值了，這是成功不可或缺的重要元素。

缺乏勇氣會讓一個人在經濟上、心理上和道德上，都遇到難題。當挑戰出現了，他不會把它視為是一個能夠有所突破的機會，反而成為自己無法達成目標的理由，失敗也就因此成為無可避免的結果了。

這種思維值得你去深入地探討。如果可以把所有事情都看作是可能的，而非只是以既有的條件去判斷達成的機率，只要你竭盡所能地去做，你就可以做到更多事情，因為只要你認為某件事情不可能，這種想法就會在那一刻為你自己吸引許多會導致失敗的元素，例如各種做不到的理由。

缺乏勇氣還會減損你的自信，侵蝕成功必備的堅決態度。

缺乏勇氣的人，會在無意間招致讓自己感到軟弱、卑微和低迷的事情。當他無法達到目標時，會覺得是因為時運不濟，但其實是他並沒有想達到目標的強烈渴望。我們要有勇氣才會發展出強烈的渴望，渴望是需要以心智力量來支持的，這樣才會有足夠的駕馭力來改變不利的條件。

勇氣十足的人，無論是在戰場或是商場上，都能夠駕馭一切。

> 什麼是勇氣呢？其實就是「行動的意志」。拿出勇氣所花費的精力，並不會比懦弱逃避還要多，只是你需要用正確的方式訓練自己。

勇氣會讓你把心力專注在當前的事物上，以穩定、謹慎又周全的方式來掌管心力的運作，同時也會帶來成功所需的一切力量。相反地，懦弱不但會瓦解我們的心力，也會讓道德頹喪，最後導致失敗。

由於我們是習慣性的動物，應該避免與缺乏勇氣的人為伍。他們很容易就可以被辨別出來，因為他們在處理新出現的問題時會有恐懼的習性。有勇氣的人從不害怕。

你沒有理由不展現出勇氣，就從今天開始培養這種思維吧！如果你感到害怕，試著去了解它，把它化解。你可以練習減少升起有害的念頭，無論是對自己或他人。當面對困難，要時常抱持「我不退縮」的想法，如果懷疑升起，要努力將之化解。要記得，你是心智的主人，可以掌控自己的想法，不妨經常堅定這樣的信念：「我有勇氣，因我渴望它、我需要它、我會發揮它。當退縮的念頭升起時，我依然選擇勇氣。」

別為缺乏勇氣找藉口，放棄勇氣所產生的代價，遠大於發揮勇氣能夠成就的事。俗話說得好：「沒有什麼是值得懼怕的，你所害怕的，是自己的恐懼。」

別輕易受他人的意見左右，因為他們無法定義你的實力，也不了解你會如何運用你的力量。只有走進人生的試煉裡，你才會知道自己的能耐。既然如此，別人又怎麼會比你清楚呢？千萬別讓自己被別人的眼光給限制住了。

幾乎所有偉大的成就，都曾經被認為是不可能的。當我們認為不可能，是因為我們還沒弄懂宇宙法則，一旦了解了，就會明白所有的事都是可能的。如果是不可能的事情，我們根本也不會有這樣的想法了。

就在你讓別人影響你的看法時，你就失去了對自己的信心，這信心可是足以激發勇氣的，它還能匯集伴隨勇氣而來的各種力量。就在你突然偏離自己的計畫，要遵照別人的意見行事時，你就從導演變成了演員，背棄了自己的決心和勇氣，這可是把計畫付諸實現所需要的力量。你從仰賴自己變成倚靠別人，無從發揮勇氣，也難以獲得成功。你的判斷力不再，勇氣與決心被剝奪，別人也不會幫你把勇氣給填補回來，這種困境就好像你把所有的財產都丟進水裡一樣，一點回音也沒有。

要把專注力放在與恐懼、匱乏、貧困和疾病的相反面上，別懷疑自己的能力，只要你願意善加運用，你就會發展出許多力量。再厲害的人一旦對自己產生懷疑，他也會失敗，因為他任由恐懼把自己擊垮，而沒有選擇強化他最有價值的內在力量。恐懼會阻礙能量的運作，讓我們無法凝聚成功所需的力量，是最棘手的敵人。

很少人對自己能夠成就多少事擁有真正透澈的了解。大家都希望能發揮實力，但可惜的是，沒有什麼人意識得到自己本身就具備的各種可能性。當你全心全意地相信自己可以做到某件事，你就會因此發展出實踐這個信念的勇氣。你已經在通往成功的這條路上跋涉許久，前方還會有大大小小的困難，但只有堅定的勇氣可以讓你克服、排除種種阻礙，為你召喚更強大的力量來讓你前進。

你隨時可以展現勇氣，只要你相信它、召喚它、使用它。要有成功的事業，你需要抱持成功的信念，也要有能力讓別人認同，願意追隨，並且勤奮地以行動讓成功到來。在勇氣面前，困難終會消融。一個深具勇氣的人，會用他的精神組織人馬，若在軍中，就是一支軍隊，若在業界，就是一個團隊，因為勇氣會在人群之中蔓延傳遞，而懦弱也是。

懷抱勇氣的人，能完成人生的試煉洗禮，抵擋誘惑。他會做出明智的判斷，彷彿對成功有制宰權；他會發展出堅毅的性格，發揮影響力，經常成為眾人的精神指標。

如何克服消沉的意志和憂鬱

消沉的意志和憂鬱，這兩種不快樂的狀態，長期下來會對身心造成傷害，但是如果把專注力放在提升自己的意識層次，也就是更接近靈性源頭的高度，便可以讓你遠離有害的力量來源。

你也可以選擇去看見並專注在事物美好的一面，好好運用意志力和思想，你就可以心想事成。我們每個人的內在都具有無比的力量，不明白世事的道理，是恐懼的來源。

我們之所以產生負面想法，其實都是因為對事情缺乏全面又透澈的了悟。但只要你有思考的能力，就可以克服這樣的不足以及它所帶來的種種問題。負面想法所導致的痛苦，都是讓我們從中記取教訓的貴寶經驗。所謂痛苦，其實是一種提醒，要我們去了解自身的無知。當我們感到沮喪消沉，就代表我們的思維運作有不完善之處，於是就為我們引來了負面的經驗。

這時，你所需要做的，就是運用意志力，專注在良善的念頭上，也就能提升意識層次的事情和力量。

專注力練習十一——**控制脾氣**

如果你是個受到一點刺激就大發雷霆的人，也從未能好好克制自己，請你思考一下這些問題：

- 發脾氣有為你帶來好處嗎？
- 你是否有從中學習到什麼？
- 這是否讓你內心天翻地覆？
- 你知道壞脾氣會在你身上滋長，讓身邊的人逐漸遠離？

第十二章

專注為你迎來財富

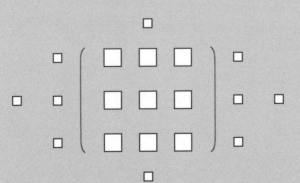

沒有人想要貧窮。如果你的財富是透過正當的途徑取得，它會使你的人生更開闊。每件事情都有它的價值，價值有正面也有負面。心智的力量，就像財富一樣，可以用在好的地方，也可以用在壞的地方。

適度的休息可以讓心智的力量再生，但過度的休息就會變成懶散和不切實際的白日夢了。

如果你用不正當的方式從別人身上取得財物，你就會失去力量；但如果你的方式是正當的，這筆財物就是你應得的祝福。我們可以利用財富來提升自己，發揚人性的光輝。賺錢是很多人努力的目標，他們渴望財富，希望透過金錢帶來舒適的衣著與生活條件，進而吸引更多人願意與之為友。如果沒有朋友與之交往，他們也自然不會特別在意那些物質條件了。

如果我們能讓自己更具魅力，也把周遭環境營造得很舒適，我們的確會更能帶給別人啟發。若所處的環境不是那麼舒適宜人，也就不容易在其中傳遞正向的思維和情感。

> 因此，獲得財富的第一步，就是為自己尋求有利發展的環境，讓自己置身於那樣的環境之中，並對其敞開，接受它的潛移默化。

無論在哪個時代，多數的偉大人物都是相對富有的人，無論那些財富是透過繼承或是自己賺取。沒有金錢，他們可能也很難獲得成就。以不同方式賺錢的人，他們的邏輯思維也大不相同。

成就通常可以為一個人帶來財富，但付出勞力卻不見得能獲得財富。你應該有發現這樣的現象：薪水低的工作需要付出大量勞力，而高薪的職位對勞力的需求卻沒那麼高。藉此我們可以了解，洞察先機是贏得財富的另一個重要步驟。一個人可以盡可能辛勤地工作來換取財富，但若沒有用上心智的力量，他就會變成苦力，而握有資源和權力的，依然是那些善於利用心智力量的人。

若只靠工作賺錢和儲蓄，這樣的生活很難讓你在金錢上富有起來。許多人縮衣節食，在生活中處處精打細算，這麼做其實耗費了許多寶貴的生命能量。舉例來說，我認識一個曾經為了省錢而每天走路去工作的人，單趟路程如果用走的會花上一個鐘頭，但搭車就只要二十分鐘，所以他其實是用一個半小時的時間來節省十美分的車資，除非走路上下班可以為他帶來很高的健康價值，否則這並不是一個很有賺頭的選擇。

如果把這些時間拿來專注地改善有害的工作環境，說不定可以讓他在通往繁榮光景的道路上站穩腳步。

當今很多人犯的錯誤，就是沒能和對的人交往。所謂對的人，是指能夠把你潛藏的美好特質發掘出來的人。

當我們太過注重生活中的交際成分，讓娛樂消遣成為過日子的主要動力，這種向外發散的傾向，會讓人容易往鋪張奢華的方向發展，把資源用於享受，養成浪費身心靈能量的習慣，而不懂得養精蓄銳。結果就是，由於缺乏享樂以外的目的，一個人與生俱來的潛能便被忽略而失去發展的機會，這樣無法健全的判斷力與價值觀，便影響著他人生中的各種人際關係。在經濟方面，他也會過得相對貧乏，得過且過，在整體社會中對資源的消耗更大過於生產。

> 只有極少數人能夠以別人的錯誤為借鑑並從中學習，多數人都得親身經歷過錯誤，才能把得到的體悟拿來重建新的人生。

要經歷這樣的苦痛才能領悟到生命運行所依循的道理，是很令人心碎的。

任何有所成就的人，都不會讓自己長期地從事瑣碎的工作。他不會日復一日地重複相同的事，但會花時間檢視自己，透過專注和努力，不斷地嘗試改善。

不久前，我參加了一個講授致富之道的講座。那位講者大約有十年的時間都處在破產的狀態，我很好奇他想要帶給大家什麼樣的理念。他演講得非常好，肯定能幫助到某些聽眾，但看得出來他自己並沒有從中受益。演講結束後，我上前自我介紹，並問他是否真的相信自己所說的那些道理，而這又為他帶了來什麼影響。他說他的確相信，但並不認為自己已經富裕了起來。我繼續追問原因，他說他覺得自己應該沒那麼好命。

接下來的半個小時，我向他解釋了為什麼他還是擺脫不了貧窮。首先，他的衣著略顯寒酸，並且把演講舉辦在一個不太舒適的環境，這樣的思維和做法就會為他帶來貧窮。他並不曉得自己的思想和周遭環境，會為他帶來不利的影響。我對他說：

思想就是流動的力量，具有很大的影響力。類似的想法會彼此相互吸引，豐盈的思維會為你帶來富裕的生活，充滿拮据感受的想法就會為你創造出貧窮的遭遇。所以，如果你決心想要富有起來，就要讓你的思想力量充滿這樣的成分，以這種態度去利用資源幫你達成目標。

很多人都有這樣的想法：等我有錢之後賺錢就會更容易。我認為不見得是這樣。創業的人當中大概有九成會失敗，你本身的錢財並不會讓你得到更多，除非你懂得好好利用它，尋求機會去做正確的投資和運用。一個人如果擁有大筆繼承來的財富，又不懂得運用，就很可能會把它花光；但如果這筆錢是你自己賺來的，你也在過程中發展出很好的運用能力，即使失去這筆錢你也能夠再賺更多回來。

成功的事業，所需要的是遠見、絕佳的判斷力、膽識、堅定的決心和明確的目標。還有，思想是你絕不能忘記的力量，它真實地存在著，就像電流一樣。

讓你的思想成為良善的載體，接受別人給予的美好，也把美好傳遞出去。如果你不是這樣利用思想，沒有用自己的思想灌溉別人，也就難以獲得滋養。

我們常會看到這樣的例子，一個千方百計從別人身上獲得好處但從不回饋的人，會變得自私自利，甚至也無法好好地享受他所得到的東西。從別人身上獲得的，我們終究是留不住，有得必有失，這是很公平的。如果沒有善盡人生中的義務，成為能量流動的一部分，我們就無法完美地活出自己、發揮自己。這些是我們都明白的道理，所以，何不公平地給予別人你也受過的恩惠呢？

我想再次重申：

獲得財富的方式不外乎就是讓自己置身於好的影響之中，包含積極正面的想法、良好的居家和工作環境、與優秀的同事一起工作等。

以正當方式與有才能的人來往，讓自己與他們在事業上的想法和諧地融合在一起，這麼做不僅可以增進人際關係，還可以吸引更多志同道合的人加入。當你在其中建立了堅實的友情，不妨以自己可負擔的金額與他們一同投資，從中培養自己的見識和敏銳度，直到你有獨當一面的能力。透過這樣的方式，到時候你就會發現，自己的人生已經成為當初你在專注中細細描繪的樣貌。有了一定的財富基礎，你就會樂意拿出一部分來為後人鋪路，讓他們可以更輕鬆地追隨你的腳步。

每個人的心中都有一股可以把你從慣性的深淵拉出，並登上巔峰的力量，只要你有能力妥善運用它。

我們都知道汽油本身並無法讓車子前進，除非有火光將它燃燒。思想也是同樣的道理，在此我指的不是天生的奇才，而是一般大眾。每一位這樣的平凡人，也都有著爬過「不可能」這三個字，到達理想國度的能力。衷心祈願，你的自信和決心會成為那道點燃的火光。

專注力練習十二——**在鏡子前練習對話**

1．在鏡子上與你的眼睛同樣高度的位置，做上兩個記號，代表對方的眼睛。

2．剛開始練習時，你可能會眨眼，記得別把臉轉開，要站直，專注地保持頭部不動，別為任何事情分心。

3．接下來，在維持身體穩定的同時，想像自己是個可信賴的人，任何人看到你都會對你有信心。外在的表露來自於內心，你不會希望顯露出「我不喜歡自己的樣子，我不值得信賴」的樣子。

站在鏡子前練習深呼吸時，要注意這個空間裡有足夠的新鮮空氣，而且你確實很享受。這股新鮮的力量可以穿透你身體裡的一個個細胞，讓你的膽怯消失，取而代之的是寧靜和有力量的感覺。

一個能夠控制臉部表情與眼睛、看起來可靠的人，總是能吸引眾人的目光。在言談當中，他總是令人印象深刻，傳遞出沉穩和又有力量的感受，空間裡所有的浮躁和軟弱都在此融化。

這個練習一天做三分鐘已經足夠。在開始前先看好時間，如果你發現自己可以很自然地練習超過五分鐘，那也很好。

第二天，可坐在椅子上，在不看鏡子的情況下專注地回想練習的細節，你可能會想到很多，把它們都記錄下來，接著再回想、再記錄。這是一個訓練專注的絕佳方法。

第十三章

你有專注的能力，但有專注的意願嗎？

每個人都有專注的能力，但你願意去使用嗎？儘管可以做到，但願不願意還是你的選擇，有能力做跟有意願去做的確是兩回事。

在我們所具備的能力當中，我們沒使用到的能力遠多過於有使用到的。為什麼許多有能力的人無法成功呢？有想法的人很顯然比成功的人還要多，為什麼他們沒有踏上成功的路呢？即便每個人的遭遇都不盡相同，但最主要的原因還是自己，他們其實都有機會，而且機會並不比成功的人還差。

如果你覺得自己還可以更好，為什麼不這麼做呢？請仔細地觀察自己，看看有哪些地方可以再精進，有時候一點點的差異就足以讓你成功。找出自己為什麼沒有達成目標的原因，也就是失敗的原因。是因為你在等待別人來引導你、為你鋪路嗎？如果你是這樣想，請用專注力發展出新的思維。

力量和意願，是成功的兩個要素，沒有任何東西可以取代這兩者。成功沒有什麼簡單的途徑，所以千萬別幻想成功會突然到來。深刻的挫折會提供發展勇氣和耐力的機會，這是懶散度日的人無法擁有的，因為唯有特殊的條件才能催生出特定的特質，這個世界會讓有意願的人過得更好。

> 我們要去創造有利於自己的環境，而不是期待環境會變成我們想要的樣子。我們不要成為一個說「不可能」的人，我們要成為的是奮勇向前，告訴大家「目標就在前方」，並且「親自達陣」的人。

「天助自助者」是真實不虛的道理。成功的途徑就是克服困難的途徑，對於奉行「我可以、我願意」的人來說，眼前的巨石就是墊腳石。當我們看到身障人士獲得發光發熱的成就，我們就更應該好好省思自己做不到的原因。

勤奮不懈是一股所向披靡的力量，即使前方不是一條平順的坦途，只要運用專注力把辦法想出來，我們依然可以在艱困的環境裡走出一條路。如果你已經認定眼前的障礙無法克服，你就很可能不會想去嘗試，就算你願意試試看，也會因為心存疑慮而無法一心一意地去克服挑戰，這種做法很難讓你獲得成功。

很多人都想先確定會成功才願意跨出第一步，這是何等的錯誤觀念！如果我們非常清楚自己的能力高低，這樣想或許沒錯，但誰說得準呢？對於眼前的難題，或許下個禮拜你就會有不同的看法；即便現在看起來一切都不錯，但也許下禮拜就有狀況出現了。很多人的通病就是，只要看到眼前有阻礙，他們的勇氣就消失了，他們忘了阻礙的旁邊可能也會有路，問題是你找不找得到。如果這個狀況需要你用盡全力才能克服，而你只願意拿出五成力氣，那當然會失敗。所以在處理任何事情時，要帶著那種傾盡全力的感覺，把事情做到最好。就是這種專注的付出才會讓你成功。

也有很多人，在開始之前就已經輸了。他們總是預期會有阻礙，所以他們傾向把事情看成阻礙，而不是通往成功的過程，這樣也就讓他們會遇到比別人多的阻礙。

你是否曾經覺得某件事情很困難，但事後卻覺得沒有想像中難呢？很多事情都是這樣，只要你開始進行，往往會發現其實是自己想得太難了。所以，在每個事件的開頭，都要抱持著會撥雲見日的想法，甚至你就是那個撥開雲霧的人。每個有所成就的人都是這樣走過來的，而且他們還不見得有像你一樣的條件呢。

成功有一個大原則，即決定好的事情就要去做，拿出要達成的決心，別想迴避該做的事情。別讓幾次的碰壁亂了自己的陣腳，這些根本不足以動搖一個有決心的人。一個有決心的人，他心底會有深深的體認，明白唯有強大的堅定，加上專注和全心全意的努力，才會有成功。

歌德說：「一個意志堅定的人，會把世界塑造成他理想的樣子。」

維克多．雨果也說：「人們缺乏的不是力量，而是意志。」

與其說成功需要什麼技巧，不如說強大的決心和執行的過程才是關鍵。對傾盡全力的人來說，沒有失敗這回事。

無論你現在面臨的是什麼，別失去你的勇氣，風水輪流轉，只要你有意願、有決心，一定會有機會讓你大放異彩。

職場是最能讓你進步又培養勇氣的地方，如果沒有從事熱愛的事情，人生將會多麼枯燥乏味啊！

我要對所有想進步的人說：「別把你現在的職位看成是永遠的。」

把眼界放寬，多培養正面的特質，讓你在機會來臨時能發揮得更好。

別忘了，我們的想法會吸引相應的事情，所以，要時常留意可能的機會，只要有在尋覓，就會找到。

只要你可以充分發揮自己，就會有人找上門來請你擔任要職。當這樣的際遇出現，可別把注意力分散了，付出你的全心全意吧，用專注力展現出你所有的力量，這才是真正的你，沒有恐懼，沒有遲疑。

沒有什麼能阻擋一個對自己有堅定信念的人，他注定會出類拔萃的。

專注力練習十三——掌控你的感知

1．逐一想像涼爽的感覺、寒冷的感覺，再來是被凍壞了的感覺。你應該會全身發冷或起雞皮疙瘩。

2．接著，再請你想像相反的情境，去感受熱。然後建構一個身歷其境的意象，即使身處冰天雪地你也可以感受到熱度。

你可以先從訓練想像力開始，這個練習可以提升你對嚴峻環境的耐受度。

你也可以自己設計練習，例如，當你感到飢餓或口渴，但沒辦法馬上進食或喝水時，就可以想像自己正在享用豐盛的大餐。同樣地，你也可以透過轉移注意力的方式來忽略傷口的疼痛。做一系列這樣的練習，可以幫助你擴展自己的身體耐受極限。

第十四章

專注能增加記憶力

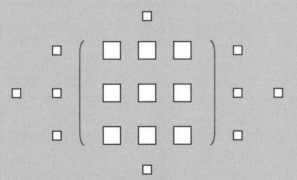

一個人會忘記事情，是因為他沒有專注在此事上，特別是在這個念頭產生的時候。而之所以記得，是因為它在我們心裡有留下較深的印象。因此，如果想要記得事情，就要把這件事跟我們已知的東西建立關聯，藉此加深印象。

舉例來說，一位妻子請丈夫幫她寄一封信，他的思緒並不在這上面，所以便不自覺地把信放進口袋，然後忘得一乾二淨。如果在他拿到信的當下便形成這樣的連結：「我要去寄這封信，下個路口就有一個郵筒，待會經過的時候要把它投進去。」那在他抵達郵筒的時候，就會想起這封信。

同樣的道理也適用在重要的事情上。像是，有人請你在外出午餐的時候拜訪史密斯先生，如果你當下便對自己說：「待會午餐走到布蘭克街轉角的時候，我要往右去找史密斯先生。」那你就不會忘記。如此一來，連結建立了，印象也就形成，當你看到相關的東西，就會想起這件事。

重點是，要在你產生想法的當下立刻去加深印象。方法就是，除了透過對想法本身的專注之外，還要盡可能地把它跟各種相關的東西放在一起，讓它們加強彼此。

心智運作的原理，就是連結。有點像是當A和B同時進入了你的心智，下次當A出現的時候B也會跟著出現，當B出現的時候A也會出現，有連結的東西會把彼此給帶出來。

人會記不住要做的事情，是因為在意圖形成的當下專注度不夠的關係。

你可以訓練自己，依照這個連結的道理專注在自己的意圖上，讓你可以記得。

養成這個習慣，專注力就可以即時聚焦，記憶也就容易形成，你就不會偏偏在關鍵時刻想不起重要的東西，記憶會變成你日常生活的寶貴資產。

鍛鍊集中記憶力

找一張照片，放在桌上看著它五分鐘。把注意力都放到照片上，仔細看照片裡的細節，然後閉上眼睛回想你剛才所看到的一切。想想這張照片的意義、拍到了哪些東西、人物的神情等等，它的前景、中景和背景各有些什麼東西，有哪些形狀和顏色在裡面。接著，再張開眼睛，仔細地比對照片和剛才的回想，有哪些地方不一樣，然後再度閉上眼睛回想，看是否可以更加正確。持續練習直到你腦中的意象，和照片都一模一樣。

大自然是最棒的導師

我們經常在接觸大自然的時候找到真實的自己，不過真正對此有所體悟的人並不多。以充滿好奇的內在感知聆聽大自然的聲音，我們便可以學習到何謂天人合一，意識到自己潛藏的力量。

「很少人了解，單純的傾聽和專注，就是我們最棒的內在力量，讓我們能夠感知到最高的意識層次，就如同我們用其他感官去感受人性的其他層次一樣。」

愈是貼近大自然，我們的內在力量就愈能夠展現。現今所謂的文明，其實過度地發展了我們其他的感官，而忽略了內在的力量。

兒童本身會自然而然地展現專注力。例如，當他遇到了一個難以解決的問題時，並且知道眼前的狀況自己已經無從解起——儘管他已經盡了最大的努力——他會停下來不動，用手撐著頭，顯然是在傾聽的樣子；然後如果仔細觀察，你會發現他好似靈光一閃，突然就繼續把事情完成。孩子就是這樣出於本能地知道，當他需要幫助的時候得要靜下來專注。

有所成就的人都很專注，這是他們成功的原因。一個好的醫生會周全地考量病人的症狀，靜靜等待，聆聽這個生命要告訴他什麼，即使他可能沒意識到自己在這麼做。用這種方式診斷病人很少會有問題。一個作家在創作的時候，會讓思緒凝結，然後等待，靈感就會湧上。如果你想要解決困難的問題，就應該要這麼做。

專注力練習十四——**呼吸練習**

1. 坐在一張高背的椅子上，身體挺直，用一隻手指堵住右邊的鼻孔。
2. 然後，做一個很長很長的深呼吸，從一數到十，盡可能緩慢地吸氣，再從一數到十，緩慢地吐氣。
3. 完成以後，換另一個鼻孔重複這個動作。
4. 每邊鼻孔的呼吸練習，每次至少要做二十回。

第十五章

專注如何讓願望達成

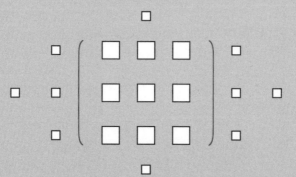

只要你有想達成某件事的欲望，就代表你有能力可以做到，這是一種心靈法則。

你們應該都讀過《阿拉丁神燈》的故事吧，主角們完成了很多很棒的事情。雖然這只是一個童話故事，但它傳達了一個事實，那就是人類自身具有實現願望的能力，只要他懂得如何有效使用。

如果長久以來你一直沒辦法做到內心渴望已久的事，那麼現在就是你該學習如何使用這種能力的時候。你很快就會意識到潛藏的內在力量，一旦發展出來，它會帶給你無價的知識以及成功的無限可能。

人應該要在各方面都是豐盈的，而不是只追求物質生活，我們已經擁有很多物質了。所有自然生成的欲望都可以獲得滿足，但如果不斷創造出無法滿足的欲望，那是不對的。

人類思想的力量是一個人的靈魂，思想的力量就是所有創造的來源。

人的各種天性都會導致想法的產生，而帶有真理的想法便具有無限的可能，因為當思想和無與倫比的力量結合，就進化成了讓這個世界進步的推手。

在靜默中，我們會逐漸意識到有一個無法以語言表達的東西，它是以思想作為表達的媒介。有些人窺見過它，其中又只有具備足夠定力的少數人能夠真正了解它。寂靜又專注的意念，遠比言語更有力量，因為說話會讓專注力一點一滴地從內在流向外在世界。

人要學習仰賴自己，去探索內在神性，就是這個源頭讓人具有解決問題的能力。有這樣的力量來源，沒有人會需要在困難前面棄械投降。人會失敗是因為往錯誤的方向尋求成功，因為他們對能夠引導自己的真正力量一無所知。

內在神性對於沒有發展心靈力量的人來說是很陌生的，所謂天助自助者，只有想要自我成長的人才能發展出這樣的力量。「命中註定」其實並不存在，人無法從神性獲得力量，除非他真的相信、抱持希望，並且向內祈求展現自己的力量。

專注於你想要的，並實現它

弱者受制於外在環境，強者則是掌控環境。你可以選擇征服，或是被征服。透過專注力法則的運作，你可以實現你心中的願望。這個法則是如此的強大，讓那些最初看似不可能的事情，都可以實現。

> 專注力法則讓原以為只是夢想的事，都能成真。

別忘記專注的第一步，是要讓想達成的事形成意象，這個意象會成為一個思想的種子，吸引類似性質的思想。如果你在這個種子周圍建立一些富有想像或創意的連結，就好像建立群組一樣，只要你對這件事有足夠的熱誠，能夠自發地專注於其中，想法就會繼續發展下去。

養成每天花五分鐘時間思考你想要完成的事情的習慣，把意識中不相干的雜念都隔絕在外。要有信心，自己一定可以成功，並且下定決心去克服過程中所有的困難，你擁有超越一切的能力。

你這麼做，就是在運用思想世界的強大自然法則。

把你內心最真誠的想法寫下來，也是培養專注力的好方法，並且日積月累地持續不斷，寫盡你對目標的所有想法。

你會發現，當你把意識流裡的力量都集中在這個想法的時候，新的想法、計畫和方法就會在你腦中閃現。看看這個例子：一個廣告企畫人員開始發想一個案子，他已經有了一點想法，但他想知道別人是怎麼想的，於是開始尋找。他很快就找到了許多相關的書籍、企畫案，以及各種設計等等，即使一開始他並不曉得這些東西的存在。這就是吸引力法則所產生的現象，會幫助你達成目標。

世界上的各個角落都存在同樣的道理：

> 我們可以吸引到對我們有幫助的東西，這種幫助常以不可思議的方式呈現。

它也許很晚才來到，但只要那股無聲無形的思想力量被啟動，就會帶來結果。力量一直都存在，隨時可以助願意使用的人一臂之力。透過欲望意象的形成，你就種下了思想的種子，它會開始運作，只要與你高層次的靈性相符，這個欲望就會化作現實。

也許你已經知道要把專注力用在能提升自己的事情上，不要危害他人，因此我沒有必要再次提醒你，但還是有人會為了成功而忽視他人的權利。美好的事情固然值得追尋，但你的力量必須要相容於正直的原則，共榮此生與你同行的生命。

所以，首先要以這樣的原則來思考你想達成的事，若這件事是好的，那就可以對自己說：「我想要達成它，我會努力地去完成它，我會找到方法。」

如果你心繫於此，每天都將它放在心上，你就會逐漸地讓它成形，最終一定會實現。但同時也要盡力地排解懷疑與恐懼等侵蝕的力量，別讓你的想法被這些所束縛。

最終你會進入一種理想的境界，得到許多從前遇不到的機會和方法，讓你得以從困境超脫。到時候你看待人生的視野將會提升到一個新的高度，眼光煥然一新，因為你已經透過喚醒自己的力量找到幸福，從奴隸成為了主人。

剛接觸這種思想的初學者，可能會覺得這本書裡的某些內容看起來很奇怪，甚至是荒謬，但與其反對或批評，不如做些嘗試，你會有親身的體會。

一個發明家會先在腦中把事情想通，才會將它實現出來；一個建築師會先在腦海中看到他想要蓋的房子，從而去打造出成品。每一個物品、每一家企業，都走過這樣的心智路線。

我認識一個人，以十三美分的資金開始做生意。是的，不到一塊錢。在十年之內，他就建立了一番龐大又豐厚的事業。

他把成功歸因於兩件事情：成功的信念和不懈的努力。他也曾經有過快撐不下去的時候，債權人認為他已經破產，因此向他追討施壓，他們情願以一半的金額收回帳款，認為這樣已經很幸運了。但他還是努力地爭取到時間，每當有迫切的需要，他總是這麼做。當他有大筆的金額要支出，他總是在心中希望先前欠他的人可以在一定的寬延期限內交付，而事情也經常真的如此。有時他在期限的最後一刻都還沒收到款項，他就抱著隔天可以收到客戶付款的期待，毅然決然地把該付的錢開出支票。讓他能夠這麼做的，除了信念之外沒有別的，他就是相信，專注在收到款項這個念頭上是有影響力的，而也真的很少讓他失望。

> 你只要付出必要的專注和努力，就會以意想不到的方式獲得幫助。

記得《聖經》裡所記載的話：「所以我告訴你們，凡你們禱告祈求的，無論是什麼，只要信是得著的，就必得著。」

專注力練習十五——**控制欲望**

欲望是最難控制的力量之一，但可以提供你很大的專注力量。當你有什麼想法，會很自然而然地想要告訴別人，但是透過控制這股衝動，你可以大幅增進專注力。要記得，你能做的就是做好自己的事情，別浪費時間閒言閒語，或是讓思緒在別人身上打轉。

1. 如果你覺得某個人哪裡不好，請不要說出你的看法，因為你的意見有可能並不正確，但無論正確與否，你都會因為不隨意評論別人而提升自己的意志力。
2. 如果你聽到什麼好消息，試著不衝動地見人就說，這會對你有好處，你需要用上很大的意志力才能做到。當你感到對自己有所掌控之後，你就可以將它說出來，但一定要等你自己準備好了再這麼做。許多缺乏這種能力的人都會因衝動而藏不住不該說的話，讓自己和他人身陷麻煩。
3. 如果你有常被壞消息激怒的慣性，這也是發揮自制力，學習處變不驚的機會。你可以對自己說：「沒有什麼事情可以讓我失去控制。」這對你在事業上會很有幫助，處變不驚會成為你的特質，是你極具價值的資產。

不過，不同的狀況也需要以不同的方式來面對，有的時候你也需要充滿熱情，但要時常留意練習自我控制的機會。要記得，「治服己心的，強如取城。」

第十六章

透過專注發展理想

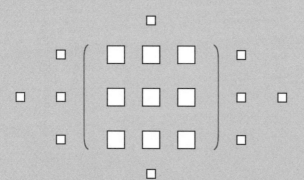

我們經常聽到有人被稱為理想主義者，事實上，我們在某種程度上都是理想主義者，而我們對這些理想所捕捉的意象，就決定了我們的成就。在實際結果產生之前，你必須先有意象，所有事情最初都是腦海中的創造，當你能控制自己的思想，你就是創造者，神聖的旨意就此以個人欲望的形式表現出來。世上所有的事物都會為你轉動，你的眼光會決定一切，成功與幸福就在你的理想之中。

你應為自己的所有經歷負責，無論你是有意或無意地走進這樣的經驗。你的每一個腳印都牽動著所有後續的步伐，你當記得這個深刻的道理。專注在你的每一步，你就能夠以最有效的方式前進。

專注於理想，終會實現

透過專注，我們把自己的理想帶來這個世界。你的未來就建基於現在的想法上，而你的現在則是來自過去的想法。因此，如果你想要光明的前途，就要從今天開始準備。

如果每個人都可以體認到，他們能傷害的只有自己，傷害別人的時候其實是在傷害自己，這個世界將會多麼不一樣！

我們說一個人很善變，像天氣一樣，指的是他的想法經常改變。每當你的理想改變，你的思路就會不一樣，像一艘沒有舵的船。所以，你要明白堅持理想直到實現的重要性。

每天早上起床，告訴自己沒有什麼事會讓你發脾氣，這就是一個理想的人會有的沉穩力量。當你被事情激怒的時候，是因為你忘了這個理想的樣子而失去穩定的力量，如果你可以及時地想起理想的樣子，你就可以不生氣了。每當理想被打擊，我們的意志力也就隨之減弱，可別忘了，堅持理想會加強你的意志力。

失敗是怎麼來的？就是對於理想不夠堅持，沒有在精神上養成習慣。如果可以專注在理想上，排除其他的東西，理想就可以成為現實。

「我會是自己想要成為的樣子。」

理想是從看不見的心靈所發出，照映到我們的感知。心靈並不依循物質的法則，物質可以被破壞，但你無法破壞心靈。你愈能理解這個道理，就會對未來感到更加明確。

人不是來這世上受苦的，這個苦是因為逆著自然的天性，由我們自身所升起的，每個人其實都知道這樣的天性。那為什麼會去違背它呢？因為我們沒有去注意那些來自內在神性一閃而過的訊息。

生命就像是一部連續不斷的電影，你可以在每個情境裡都快樂地過，也可以悲慘地過，這是你可以自己決定的。用什麼樣的心態面對，取決於我們是否願意順著那沉默的心靈耳語而行。我們無法用有限度的聽覺去聽，但在寂靜之中這聲音會來到，就像夢境一樣，每個人都可以領受到，不是只有我跟你。偉大的思想就是這樣降臨，讓你知道，任你運用。所以，不用到處尋覓寶貴的思想，而是要往內探索，光明閃耀的願景從此刻就開始實現。

請你務必要花時間長期專注地投入，請你務必要仔細認識自己以及自身的弱點。

沒有人可以光憑願望就到達圍牆的另一邊，他必須以實際的行動翻越過去。

沒有人可以光憑願望就擺脫單調又累人的陳年積習，他必須以實際的行動改善。

如果你不往前走，或是倒退，那表示出了問題，你需要自己找到問題根源。

別認為自己不受重視、不被理解，或是不被喜愛。

這是失敗的思維。

認真想想這個事實：你羨慕別人所擁有的東西，都是他認真得來的。

別自怨自艾，也別批評自己。

在這個世界上，你必須仰賴的人就是自己。

專注力練習十六——建立清晰的思路

閱讀及默寫把思緒集中在特定事物上，是你能夠思考的前提，每個人都應該要練習建立清晰的思路。

閱讀一段短文，然後用自己的話把它摘述一遍，是一種非常好的練習方式。你可以閱讀一則新聞報導，盡可能地以最少的字數去表達同樣的事情。要能夠節錄出文章最精華的重點，需要極大的專注力，如果你沒辦法做得很好，就代表你在專注上還需要磨練。如果不想用寫的，以口語的方式表達也可以，就像在跟人對談那樣。你會發現這種練習對於增進專注和學習思考有很大的幫助。

在熟練了文章摘錄之後，你就可以開始進行整本書的摘錄。閱讀二十分鐘後，把剛才的內容寫出來。一開始可能無法記得太多內容，但你一定會寫出愈來愈棒的東西。專注程度愈高，你對內容的描述就會愈精確。

如果時間有限，針對單一個句子把它逐字寫下來，也是個不錯的方法。當你熟練之後，就可以再增加到兩句或更多，養成這個習慣會為你帶來很大的好處。

如果你願意利用閒暇時間來做這些練習，就能大幅地增進專注力。你會發現，為了要記清楚每個字，你得全心全意，沒有雜念，僅是排除雜念的益處，就勝過做這個練習的麻煩之處。

要能做好上述的練習，勢必得用專注力去培養你對讀過的東西產生意象或畫面的能力，這種能力就如同一位作家所形容的：能讓言談中的高山赫然聳立面前，能讓文字裡的溪流在腳下翻騰。

第十七章

創造你的影響力

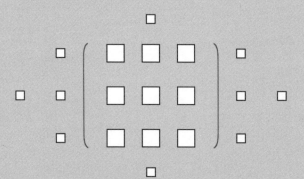

我最近參加了一場發明家的聚會，每位發明家都上臺演講，介紹自己正在進行的研究，其中不乏有世人亟需的發明。其中一位發明家的講題是無線電話的可能性，他說，距離將不再是問題，我們很快就可以跟遠在千里之外，水下四十噚的潛艇通話。演講完後他詢問大家是否有任何指教，現場卻一片寂靜。這可不是什麼禮貌的事情，因為發明家都喜歡提出見解和討論，當大家都沉默，就代表對這個願景是存疑的，大家對於是否能夠實現並不那麼樂觀。

但這位聰明機智的發明家，我認為他是個真正的天才，卻對自己的理想深信不疑。我的看法是，如果我們可以做出這麼棒的裝置，發送千里遠的無線電，我們理應更能夠用心智溝通不是嗎？傳遞無線訊息可能都不比投射思想還容易。

有朝一日，各領域的企業都會聘請專業的人來管理，發揮影響力。這個現象將會十分普遍，企業員工會被帶動，公司因此可以提升獲利，透過管理人的思想來汲取更多可以幫助公司的力量。這樣的管理人會不斷地對員工和周遭的人提出建言，員工就會不自覺地受到影響。如果你是這樣的管理人，希望你可以帶給別人的是更堅強的性格。

確保能讓每位員工付出最大的努力，是一間組織良好的公司每天都在進行的事。也許每個人的工作內容都不盡相同，但都是為了同一個目標，為了最好的成果，公司上下因此洋溢著高水準的專業表現。在這樣的環境下，每個人都想盡力做到最好，並對此感到滿足。

> 企業的成功取決於所有人的努力是否都朝向同一個目標。

一間公司需要至少一個人來擔任領導者，他不見得要一步一步地告訴大家該怎麼做，但他必須要有能夠掌控全局，引領他人思維的精神力量。

現代的商業書信不再是以一種隨意、平常的方式來撰寫，撰寫者會試圖傳達一些他認為收信者會感興趣的資訊，他透過這種方式來吸引有感應的人。有時候一兩個字的差異就可以改變一封信的風格，讓事實陳述也可以獲得廣大的迴響。一封信裡面真正帶來結果的，並不全是它實質上的內容，而是它所傳達出的精神，這個精神也就是你投射出去的無形思想，讓人難以用邏輯解釋，並且會為你帶回想要的收穫。

我們不該只為自己謀取利益。如果你擔憂親朋好友的未來，不妨去想像他開始邁向成功，想像他獲得成功的光景。你可以用專注祈求他彌補自己的弱點，以積極正向的特質加以取代。花點時間提升他正向的思維，你可以因此喚起他的心靈力量，讓他能夠開始倚靠自己培養力量，為自己追求理想。

透過給予別人領導上的建議，傳達清楚、正向，以及能夠提升精神層面的建言，我們可以做到比自己以為的還要多。但一個人是否會成功，有很大的程度是取決於他對建言的反應。

人生不進則退，因此並不會維持在一個所謂的「現狀」。每當我們完成某件事情，就能夠從中得到進步的力量。所做的嘗試愈大，未來的成就也會愈大。在一個企業成長的同時，領導者也需要成長，他需要進化自己，成為一股持續不斷的影響力，激發出工作夥伴的信心。有時候，如果員工自己有發現，他們其實具備比領導層還要優秀的特質，這時候就不該忽視自己的優點和成長，應該要去成為更有影響力的領導者，他們可以不只是員工。

透過心靈的力量，你可以在他人身上激發出熱情和成功的精神，使得他們去從事更有意義的事。

在專注的心靈中，存在著比身體的力氣更強大的潛在力量，這樣的人會發現自己能夠影響他人，擁有主導的能力，他會處在一種有能力去實現理想的狀態。

無論我們有多強大，都處在一個由群體所形成的集體意識當中，並且受其影響，沒有人可以獨立於這種作用力之外。在職場上也是同樣的道理，如果你工作的環境對你沒有幫助，那就代表它有礙你的發展。此時，變換工作就很可能會為你帶來好處。

人通常不會想要離群索居，如果你被屏蔽在自己的想法之中，會缺乏精神上的滋養，使思維變得侷限，心靈力量低落。獨居生活常會造成輕微的精神失常，如果小孩長時間沒有和同齡的孩子相處，只和年長者生活在一起的話，就容易學習他們的行為。如果年長者和年輕人生活在一起，也會有同樣的作用，感染到年輕的氣息。如果你想常保青春，就要讓自己沐浴在這樣的精神中。物以類聚，相似性質的會聚集在一起，是世界通用的法則。

思想在我們的生活中扮演舉足輕重的角色。無論何種職業，除了需要體力，也要腦力。思想需要被整合運作，公司應該要確保員工的想法都朝著同一個大方向，這樣他們會更容易彼此認同，更容易相互理解，進而互相幫忙。如果缺乏同舟共濟的心理，就不可能會幫助彼此。這就是一間公司理想的狀態，引領大家走向目標。如此一來，公司裡的每一個人就不是獨立運作的單位，而是支撐起一個輪子的一支支輪幅，每個人肩上都有責任，不會有退縮這個選項。在這種環境工作的人，就會自然而然地拿出最好的表現。

每一位領導者都應該要能夠激發出互助合作的精神。首先，領導者要先運用心靈力量獲得團隊的信任，然後再讓大家理解思想的力量。這樣很快就會在彼此之間建立起連結，朝同樣的目標努力，每個人都能從集體的努力中受益，因此也能成就大事。

如果你的事業是本著正確的精神建立的，你就可以在其中灌輸這樣的精神，將理念傳承給大家，你的思想就在無形中形塑了整個事業體，而你的團隊就是幫助你實現願望的自然界的物質力量。

未來的經營潮流將會是去引導員工的思維，因為領導者總不希望員工意志消沉，與其讓他們迷惘，不如盡力地去教導他們使用專注的力量，進而創造雙贏的局面。未來的職場上將會需要更多這種正直的精神。

我知道有間公司，要求應徵者要仔細填寫申請表單，作為錄取依據。很多人認為這種做法很可笑，其實不然。對一位很有能力的管理人來說，資料表具有很高的參考價值，能告訴他這個人是否適合公司。他最關心的是員工團隊合作的能力，他希望錄取的是有自信的人，如果員工經常跟身邊的人抱怨自己的不幸，士氣低迷，他人也會容易受到影響。理想的管理人應該要對此進行把關，提高團隊的成功機率。

請你務必要了解，每當你回想過去的痛苦經驗，每當你花時間待在不適合的公司，都是在讓自己承受負面的影響，這是你在向前邁進之前要擺脫的。

有的公司喜歡用剛畢業的新鮮人，因為他們沒有既有的工作習慣，比較沒有重新調整工作方式的問題。他們也相對地容易教導，善於學習新技能，因為這和他們之前的學習經驗並無衝突。只要他們開始用正確的態度工作，就會獲得領導者所給予的支持，走上前人已經鋪好的路。這也會讓他們產生信心，工作得更有效率，成為優秀的員工。

多數的大公司會聘僱高效率的專家，他們可能經常在不同的部門裡工作，他們之所以賺錢，是因為把多年來的專業經驗傳授給經驗相對缺乏的人，好大幅節省精進所需的時間和金錢。

我們的態度關係著成功，這程度遠比我們以為的還大，我們必須要有能力為自己製造助力。審慎規畫過的想法具有很大的力量，我們必須透過專注來發展這樣的力量，把它發揮得淋漓盡致。

我們周遭充滿了許多我們並不了解的力量，對此，我們需要多去認識和探討。隨著時間，我們對靈魂的力量已經愈來愈了解，但卻還是不甚清楚蘊含其中的無限可能。思想具有影響他人的力量，如果我們想要讓這樣的力量幫助自己，以及未來的世世代代，我們就要相信它、了解它，並運用它。

專注力練習十七——**改掉壞習慣**

如果你有想要改掉的壞習慣，請閉上眼睛，讓自己的樣子浮現，然後運用肯定的力量，像是在勸導和鼓勵地對著他說：「你不是個弱者，只要你願意，就可以戒掉這個習慣。這個習慣不好，你想要打破它。」

這個練習非常寶貴，可以讓你換個角度看待自己，這個習慣就再也不能束縛你了。

如果你在意象中可以看到自己的各方面都運作得很完美，好像有個人在操作一樣，你就會很樂意地改掉壞習慣。我有幾個認識的人，就是這樣改掉了酗酒的習慣。

第十八章

用專注培養意志力

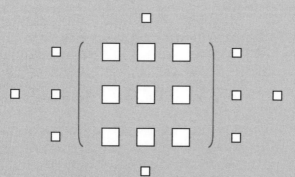

新的練習法

在這一章，你會看到最有效也最實用的意志力訓練法，你可以因此養成強大的意志力，讓它為你帶來更多力量。只要認真練習，以下的基本指引將會穩固你的意志力，就像用重量訓練增長你的肌肉一樣。

我們要先從基本原則開始。這些專注練習所鍛鍊的心智力量，會帶給你難以度量的好處，即使是很簡單的動作也有它的價值。奧本海默博士曾說：「一個人只有在他獨處的時候，才能展現出無與倫比的專注力。」我們難免會受到誘惑，但意志力會決定我們是否屈服、意念單純、慈悲寬厚、包容他人的缺點，以及是否實踐我們心中的理想。既然意志力的影響如此深遠，我們應該要在日常生活中花時間多加練習。

你已經理解了為什麼要鍛鍊意志力，但你也要知道，這需要你本人的努力，別人無法為你代勞。

你需要以誠心和認真的態度來做這些練習，我可以教你如何做，但你的成功還是有賴於你的熟練程度，以及在日常的實際運用。

訓練意志力的新方法

選擇一個安靜沒有打擾的地方，準備時鐘或手錶用來計時，以及記錄用的筆和筆記本。在練習開始之前，要記錄當時的日期和時間。

〔•〕練習一

第一天

選定時間。請選擇一個你方便的時間，以便每天在同一時間練習。坐在一張椅子上並且注視門把十分鐘，記下你在這個過程中的體驗。一開始你應該會覺得很不自然，也很難就這樣維持十分鐘，但還是請你盡量保持不動。時間會感覺過得很慢，這也可能是你人生中第一個什麼都不做的十分鐘，你會發現自己的思緒從門把脫離，開始想這個練習到底有什麼意義。每天都做這個練習，總共六天。

第二天晚上十點

你應該比較能夠靜得下來，時間好像也沒過得那麼慢了。你可能會感覺到一點力量，因為你的控制力有增加，這會讓你感到振奮。

第三天晚上十點

現在要專注在門把上可能會有點困難，因為你可能剛過完忙碌的一天，你的思緒會一直試圖回想今天的工作。請繼續努力，你應該還是可以把這些念頭給排除，然後你就會感到自己還想要用上更多的專注力。當你發揮意志力的時候，你會感到有一股力量來到你身上。這個練習會讓你覺得自己變強大了，有一股強健的力量和崇高的感覺。也許你會想：「我發現自己終於可以做到想做的事了，我還可以摒除雜念。現在覺得這個練習有意義了。」

第四天晚上十點

筆記：「我發現自己可以看著門把，馬上就進入專注。我克服移動大腿的衝動了，也沒有雜念可以跑進來，我已經確定可以做到自己想做的，不會受制於其他事情。我感覺精神上更有力量，可以明白主掌意志力的價值所在。如果現在我做出什麼決定，我一定會達成。我比以前更有自信，也感覺對自己更有控制力了。」

第五天晚上十點

筆記：「我的專注力好像每天都增加了一點，現在可以把注意力聚焦在任何我想要的事情。」

第六天晚上十點

筆記：「我可以看著門把立刻進入專注的狀態，感覺自己對這個練習已經熟練了，可以開始下一個練習。」

到這裡，你已經完成這個練習了。但在新的練習開始前，我想要你寫個總結，描述你是如何成功地克制心智和意志力瞬間閃過的衝動，你會發現這是一個很棒的練習。讓心智能對自己細微的動作有專注的觀察，就是對它最有益的事。

練習二

找一副撲克牌，選好你方便練習的時間，每天到了這個時候，用一隻手拿起整副牌，開始一張一張地將它們放到桌上，整齊地疊在一起，動作愈慢愈好，放每張牌的速度都要平均。要盡可能疊得很整齊，完美地貼齊前一張牌。這個練習要連續做七天。

第一天

這個練習可能會讓你覺得又臭又長，因為你需要很仔細的注意力才能把牌完美地疊放好。這需要耐心，你可能會很想疊得快一點，但如果疊得很快就失去了這個好處。一開始你的情緒應該會毛躁又起伏不定，要花上一點時間來練習控制你的手和手臂。這可能是你從未做過的靜心訓練，這需要你極高的意志力，但你會因此獲得前所未有的平靜感受。你正在漸漸地培養出新的力量，你會發現自己之前是多麼衝動不安，也會發現自己竟然可以用意志力來控制脾氣。

第二天

你開始可以慢慢地把牌放好，練習會增加你的速度，但你需要慢慢地放，所以要多留意自己。緩慢又固定的動作是很無聊的，你需要克服想加快速度的衝動。你很快就會發現自己可以用意志力來操控速度。

第三天

你還是覺得要慢慢做很困難，一直有一股想要更快的想法。如果你平時就是比較衝動的人，這點會特別明顯。衝動的人並不習慣以緩慢又謹慎的方式做事，這不是他的「風格」。你依然覺得這個練習很累人，但它會讓你的精神振作起來，你正在完成一件你並不喜歡的事，它在教你如何專注於即使是你不喜歡的事。把這些都記錄下來，對你會很有幫助。

第四天

筆記：「我發現自己可以精準地把牌疊在一起了，還發現有一張沒放好。有點粗心，需要更仔細才行。我要用意志力來提高專注力，控制它好像沒有這麼難了。」

第五天

筆記：「我的動作好像更流暢了，可以把牌穩定又緩慢地放下，感覺自己很快就可以平穩下來。對自己的意志愈來愈有掌控度了，這也讓我可以控制動作。意志似乎是一股很厲害的主宰力量，很高興自己有了這層了解。現在覺得這個練習還不錯，這樣想會幫助我繼續完成練習。」

第六天

筆記：「我開始感受到意志力帶給我的力量，好像什麼都有可能，也開始去思考意志這個東西。我現在可以做更多事情，也做得更好了。無論是什麼事情，我都可以專注在其上，直到事情做完。當我愈清楚地知道要做什麼，意志就愈容易展現。決心會啟動我的意志，意志力會愈來愈強大，跟目標彼此成就。」

第七天

今天試著把速度加快，但不是急躁或緊繃，只是要快一些，但依然保持穩定。

你會發現，練習緩慢的動作可以讓你的神經穩定下來，也因為這樣，你還可以加快速度。意志力現在已經在你的掌控之中，讓它可以快速執行你決心要去做的事情。這就是你建立自我控制和駕馭自己的方式，就像是在讓身體這個機器依照你的旨意來運作。

你現在肯定可以知道記錄這些內心想法的好處了。當然，你不會跟上述所提供的例子一模一樣，但應該還是會有一些類似的感覺。要仔細觀察自己的體驗，盡量忠實地記錄下來，描述你的感覺，別用自己的想像來美化它。清楚地寫下自己的狀況，如果幾個月內你再回來做這個練習，你應該又會有所進步。透過這些對自己的覺察和內省，我們會更了解自己，也會因此提升自己的效率。當你養成記錄的習慣，你對自己的描述也會更加精確，對於自己的衝動、各種行為和弱點也會有更好的掌控。

每個人都應該嘗試為自己規畫所需的練習，如果不方便每天都練習，就一週練習兩三次，但要確實執行這樣的計畫。如果一天能撥出的時間不到十分鐘，那就從五分鐘開始，再逐漸增加到十分鐘。上述的練習可以提供你日後設計練習的參考。

不需練習就能訓練意志力的方法

有些人並不想額外花時間做練習，以下就提供一些其他訓練意志力的方式。

透過啟動意志力和認識意志力，它會漸漸地成長。因此，你愈去運用它，它就會愈來愈強壯。無論你的任務是大是小，都規定自己一定要完成，這是為了強化你的意志。你要培養這樣的習慣：把意志的力量都發揮出來，聚焦在你要完成的事情上。這是一個把事情做完、完成任務的習慣，無論什麼事情，當完成的時候，你會有一種感受，讓你感到有信心、有力量，這是你在其他地方找不到的。當你做了決定，你知道自己一定會完成，會用膽識和勇氣面對，不會三分鐘熱度。意志力會讓我們挺過重大的考驗，讓我們知道絕望只是一時的，我們終將成功。我們要一次一次地把意志的力量發揮到最大，我們的目標也就會愈來愈遠大、行動會愈來愈自由，人生也就愈來愈好。

培養意志力不應該只靠生活中的情境刺激，唯有進行內容明確的訓練，才能讓意志力保持在活躍、穩定和隨時能用的狀態，這只能透過自律和細心觀察自己才能達成。你的成本就是付出的努力，但報酬卻極為豐厚。培養意志力沒有什麼速成或特效的捷徑，但它的運作卻像魔法一樣，會為你帶來許多力量和正向的特質，讓你成為自己的主宰。

專注在求勝的意志

一個人在職場環境的適應能力，最大的影響因素就是他的決心。我們經常討論人的能力，這些能力和特質或許可以精進到某一個程度，但在他的內在潛能完全展現之前，他都還有很大的改變空間。他可能對某些事情不太擅長，但在另一個領域卻大有成就。有很多成功的人，剛開始的路途並不順遂，但卻在轉彎之後踏上成功的舞臺，而這又讓他們能夠再去成就更大的事情。如果他們當初沒有依照環境去調整自己，就會被浪潮淹沒，被世界遺忘。

我做的所有事情都圍繞著一個中心思想，就是試著去喚醒他人的努力和決心，把自己的潛能和所有可能性都發展出來。一開始我就希望你了解，比起能力，決心去做的意志更具有決定性。才華隨處可見，但內在動力的組織和創造的力量卻很稀有。要找到員工並不難，找到能夠帶領員工的人比較難。員工的才能需要被引導到工作上，他們要學習如何蓄積自己的能量，以及跟彼此和諧共處，企業中最常見的問題就是只注重單一特質。

專注於內在的驅動力

有時候我們會注意到自己的內在有一股驅動力，總會讓我們想要往美好前進。就是那股「力道」，讓我們感到有決心要去做有意義的事。這東西並不是思想、情緒或感受，它是完全不一樣的東西，是靈魂的一種特質，因此有著自己的意識。那是意志自己的「我要這麼做」，是讓意志聚焦的力量。很多人都感受過這股力量在內在的運作，驅使他們去完成想做的事情，成就大事的人物也都意識到這股好似來自天上的力量，是自己實踐決心的助力。

每個人的內在都有這股力量，但你要處在某種狀態才會感受得到它。對於已經準備好了的人來說，它才會是有用的，它會自然而然地升起，不用加以訓練，就會在無意之間來到，也會不著痕跡地離開。正如同我們對它的不明白，我們也明白，它會使我們的意志更堅定，邁向和諧與正直。

一個平凡的人如果像貨物一樣以奴隸的身分被交易，大約可以賣個一萬美金。如果有人給你一輛五千美元的車子，你還會好好地保養它，不會讓沙塵堵塞管線，不會把水加進油箱，也不會在崎嶇的路上憤怒狂飆，置之於冰天雪地。

但你確定自己有好好地保養身體、關照健康，像保養車子那樣維護這個你唯一真正擁有的資產？

把威士忌倒入自己身體的人，並不比把水加進油箱的人還要聰明。

你可以換一輛車，但不能換一個身體。

不在意睡眠時間的人，生活習慣也不會有條理。他狼吞虎嚥，血流不平穩，對待自己都不如任何其他的有形資產，實在很不明智。

跟比自己博學多聞的人交流時，你會仔細地聆聽，而不是拚命發表見解嗎？

有成千上萬的人，在五六十歲的時候還墨守成規地過著日子。但任何人都可以從中解脫出來，成就自己，只要內心的火光可以被發現，點燃原本可能會浪費掉的能量。

每個人都要去覺察自己，解決自身的問題。

專注力練習十八——**秒針訓練法**

1．坐在一張椅子上，在桌上放一個有秒針的時鐘，看著秒針，視線跟著它移動。

2．請持續五分鐘的時間，除了秒針之外什麼都不要想。

如果你只有幾分鐘的空閒時間，就很適合做這個練習，把意識流裡面的所有思緒都放在秒針的焦點之外。由於秒針實在是個平凡無奇的東西，所以這個練習並不容易，你所要用上的專注力就是練習的價值所在。

在練習的時候，要記得盡量保持身體的靜止，如此一來你還可以訓練到神經，這種平靜的力量對神經是有好處的。

第十九章

專注總複習

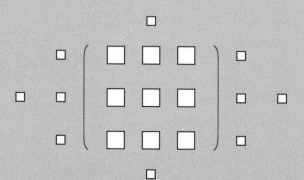

在本書即將邁入結尾之時，我想再次將專注力難以估算的價值烙印在你心中，因為缺乏或無法培養出專注力的人，大多都會承受貧窮和許多的不快樂，人生會充滿許多失敗的遭遇。而培養出專注力並且加以利用的人，則能充分把握人生的各種際遇。

我盡量以實用的方式呈現這幾章的內容，相信不少人可以從中受益。當然，單純的閱讀並不會讓你獲得多大的好處，但如果你有實際去做那些練習，並應用到你個人的生活中，你就會養成專注的習慣，因此改善你的工作，也讓你更快樂。

要記得，這些指引究竟能幫你多少，還是要看你練習的程度。我認為你可以先把這本書完整地看過一遍，然後在看第二遍的時候，停留在你覺得不錯的部分仔細思考，甚至反覆品味，加深印象。這樣你會學到如何挑出重點，這也會對你有所幫助。

在這一章，我希望你不會再缺乏自覺地隨性做事，而是可以把專注銘記在心直到養成習慣，讓你無論在工作或生活，都能精準地運用自身的力量。

通常最困難的部分是你會忘記要專注。只要你開始嘗試，它就顯得沒那麼困難了，這是很多初學者會有的經驗。因此，別認為這是很難的事情，拿出「我會」的精神去面對，你將會發現這沒有想像中費力，也非常實用。

閱讀人物傳記，你會發現這些成功人士的普遍特質就是專注。你也經常可以在失敗的人身上找到缺乏專注的現象。

> 「一次只做一件事，並把它做得很好」，是我所知最好的成功法則。

每個人天生的能力都不一樣，但如何使用才是關鍵。「機會會去敲每一個人的門。」成功的人能夠聽到敲門聲，然後抓住機會，失敗的人則相信自己沒有這種好運，無法成功是因為別人的關係，而不是自己。但其實每個人要面對的，都不會比誰多或少，宇宙中的一切你都可以取得，只管發揮你的力量去得到。當你讓自己專注在「去做」或「去成為」的狀態裡面，就會有有形和無形的力量來幫助你。

每個人都能夠做到某種基本程度的專注，不然我們就無法說話或做事。但在那之上我們會再發展出不同程度的專注力，是因為有的人無法用意志力讓特定想法在腦中停駐夠久的關係。意志力的強弱取決於決心的程度，你並不會比別人差，當你遇到強勁的對手，你就應該要這樣想。

千萬不要說「我今天無法專注」。當你說出「我會」的那一秒，你就可以專注。你可以像舉起手臂那樣控制自己的心思，不讓它飄移。當你了解這個事實，你就可以訓練意志力，專注在任何你想專注的事情上。當你的注意力飄走了，你要對此負責，因為你沒有在使用意志力。不過，別指責自己，別說自己軟弱，因為你的意志力就和你的言詞一樣，可以是強壯的，也可以是薄弱的。當你的言行反映出堅強的意志力時，你會說「我做得到」，當反映出的是薄弱的意志力，你就會說「我做不到」。這兩者所花的力氣是一樣的。

有些人習慣抱持「我不行」的想法，然後迎來失敗，其他人則是想著「我可以」，然後邁向成功。要記得，你永遠有權在「我不行」和「我可以」之間做出選擇。

很多人犯的最大錯誤，就是他們並不了解每當說「我不行」的時候，就是在決定「我不會去嘗試」。在你嘗試之前，你都無法確知自己可以做到什麼程度，但「不行」就代表你不會去嘗試。千萬不要說你無法專注，因為你其實是在說你不想去嘗試。

每當你有衝動想說「我不行」的時候，不如這樣說：「我有龐大的意志力，全都任我使用。」發揮意志力的道理就是：訓練多少，就能用上多少。

值得嘗試的實驗

今晚在你睡覺之前，對自己說：

> 我要選擇內心真正的想法，讓它停駐在我腦中，想停多久就停多久。我要把干擾自己和膽怯軟弱的想法都隔絕在外，我的意志力不輸任何人。

隔天早上要去工作的時候，把這些話再複述一遍。請持續做一個月，你就會對自己有更好的評價。這些就是讓你成功的要素，請牢牢地記住。

專注，說穿了就是願意去做某件事。用你的意志，把所有不相干的思緒都阻隔在外。你要能夠指揮自己的心智才能實現各種可能，你會因此帶著覺察去做事，而不是像過往那樣的缺乏自覺。如此一來，你會容易發現錯誤、改掉壞習慣，並不斷修正自己的言行。

也許你曾經在關鍵的時刻，對於自己所展現的勇氣感到驚訝。但是當你喚醒自己，你無時無刻都會有勇氣，不需要在特定時刻才展現出來。我會想要如此強調，是為了要讓你了解，同樣的勇氣和決心，過去是偶而出現，但現在都在你的指揮之下。這就是你的無價資產，要經常妥善地利用這點，去創造出你人生最理想的境界。

最後的專注指引

你現在已經知道，為了讓人生更有意義也更快樂，你需要專注。我已經提供了幾個練習和所有你會需要的指引，現在是你讓理想成形的時刻了，請勇於實踐它，並讓它更好。別把時間花在價值不高的視聽內容，要選擇能啟發你的題材，親近具備這種思維的人。他們的熱情會啟發你，也會鼓勵你。慢慢地、專注地閱讀，讓你和作者的靈魂相互交流，產生共鳴，你就會發現字裡行間的意義，那是文字所無法傳遞的東西。

投注持續的專注力在一件事情上，並且一次只專注一件事情，這樣你很快就能學會專注。讓思緒停駐在你要做的事情上面，直到完成。當你工作的時候，讓心思在你執行的任務上生根，在發言之前先三思，不要隨意漫談，要讓話題圍繞著要討論的事情，平緩穩健地用言談和對方建立連結。

絕不要養成急躁的習慣，要從容不迫，以沉著的態度來應對所有事情，甚至不讓身體產生任何一個多餘的動作。閱讀對單一主題有深入探討的書籍以及長篇的文章，細細地回想作者所呈現的思路。

多與性情穩定、有耐心，又努力不懈的人交流。

練習靜坐，並且不中斷地專注在某個想法上。

專注在高層意識

時間不停地轉動，每一天，你都少了一天生活在這個星球上的時間。多數人都只關注外在的世界，認為這是成功與快樂的來源。這當然很重要，我並不是要你反對這樣的觀念，但我希望你可以了解，當死亡來臨，只有那些精神上的東西不會離開你，也就是你的特質、品德，以及靈魂的成長。

如果你都有依自己的天性去發展這些精神，你就無須對無法成功快樂感到害怕，因為這些東西會讓你能夠改變外在的世界和狀態。

好好地了解自己

找到自己的優點，讓它們更加強大，同時也找到自己的弱點，讓它們強壯起來。當你夠了解自己，你眼中的自己，就是真正的自己。

成就的祕訣就是專注，把你的力量一次聚焦在一個點上，這是一門藝術。如果你有仔細地觀照和探索自己，你應該會對自己有很清楚的了解，並且能夠適時地進行內在調整。請務必要記得，能為你帶來幸福的就是正確的思維和生活態度，因此獲得幸福便是內在的功課，也是你能力所及的事情。不快樂的人其實就是沒有好好地主張和行使行上天賦予的權利。

你總有一天會離開這個世界，要想想你能帶走什麼，這會幫助你去專注在更有高度的想法上。從這一刻開始，以更高的意識層次去看待每一件事，去做每一件事，這股萬物和諧共存的力量必會為你的人生使命帶來成功的豐收。每當你快要依衝動盲目行事，請專注在這段話語：

「當我的所為順應了我與萬物的關係時，幸福必會出現。」

你具有潛在的天賦，當它被挖掘出來並自然揮灑，你便能成就自己、成就他人。如果你沒有適當地發揮它，你的限制就出現，隨之而來的也許就是痛苦，他人也會因此受到影響。

當你喚醒自己的思想，讓它開始活躍時，你就會明白我所說的這些法則是幫助你實現計畫的法則。正直終會彰顯，你可以順應這股宇宙的力量一同發展，同時接受它給你的餽贈，也可以與之對抗，承擔衝突的後果，此時你的內在神性將變成吞噬你的火焰，試圖淨化你無法與萬物和諧共榮的思想。若你選擇後者，內心將會陷入煎熬，所以我希望你學習明智地專注在讓自己融入高層的意識當中。你不妨聚焦在這樣的想法：

我會活出最好的自己，我會探尋智慧、認識自己，以幸福與力量來幫助別人。我的行為依歸來自高層的意識，最美好的會因此來到。

當我們對高層意識的存在愈清楚，就愈會努力活出人類的精神，活出其中的神聖與完整，不再糾結於其外的表象。我們應該要試著去認識自己的本質，如此便不會過度重視外表的光鮮亮麗，當別人出於無知而大肆炫耀榮華富貴的時候，我們也不會失去尊嚴，迷失自己。

只有了解到自己是永恆的存在，人才能知道自己的本質為何。

專注力練習十九——**對專注抱持信念**

對專注的力量抱持信念是很重要的，我刻意把這個練習放在最後，而不是一開始，是因為我要你知道專注力是可以學會的。如果你歷經了前面的練習，就能發展出一定程度的專注力，你自然而然就會相信這股力量，但你還是可以再進一步，擁有更堅強的信念。

舉例來說，你大概有一些想要實現的渴望或願望，或是你想要尋求一些特別的指引來走出迷惘。首先你要做的，就是對想要的東西產生一個意象，然後去得到它。要有絕對的信心，你的渴望會被實現，相信它會依照你的信念達成。這個時候千萬別去分析你的信念，不要去在意究竟會如何達成、為什麼會達成。你只要確定自己是真心想要，並以正確的方式發揮專注力，你就會得到。

提醒：**千萬別認為你不會成功，只要你清楚地知道自己想要什麼，清楚到彷彿你已經擁有了它，它就會成真。**

自我懷疑，你曾經懷疑過自己嗎？如果有，請你問問自己：「我不相信的到底是什麼？」若你的意識可以提升到更高的層次，從更高處俯瞰，就不會有你原本的困擾了，你應該要去貼近那個層次的力量。所有困難的事都有解決之道，找到那條路就是人類的精神所在。與其浪費寶貴的思想力量在擔憂一場可能會失敗的面試，不如把時間和專注力投入於如何好好利用這場面試，你就會發現事情並不如你所想的那麼糟。我們大部分的問題都是自己想像出來的，是因為我們有擔心害怕的習慣，才會讓事情演變成我們所懼怕的樣子。你所遭遇的困境，是你自身的負面思想和恐懼所產生的，困境其實也是在教導你要去探索蘊藏於內在的力量，克服所有的困境。

以上的思維會幫助你克服自我懷疑，讓你停下來思考自己為什麼會這樣想。專注你的力量，可以提高你的意識層次，在那樣的高度上，是沒有懷疑與困惑的。

中英文對照表

個人魅力 Personal Magnetism

實用記憶訓練 Practical Memory Training

心智療法 Mental Therapeutics

成功的銷售之道 Successful Salesmanship

心智能手 Master Mind

愛默生 Emerson

利特雷 Littre

巴斯德 Pasteur

尤斯提・米勒 Eustace Miller

華格納 Wagner

席勒 Schiller

格萊斯頓 Gladstone

荷馬 Homer

奧本海默 Oppenheim

歌德 Gothe

史密斯 Smith

布蘭克街 Blank Street

i 生活 12

專注力：吸引力法則的成功關鍵，治癒無力感人生，活出你想要的自己

作者 西倫·杜蒙　**譯者** 陳柔含
封面設計 李涵硯　**責任編輯** 劉素芬　**內文排版** 藍天圖物宣字社
副總編輯 林獻瑞　**印務經理** 黃禮賢

社長 郭重興　**發行人兼出版總監** 曾大福
出版者 遠足文化事業股份有限公司 好人出版
新北市新店區民權路108之1號8樓
電話02-2218-1417#1282　傳真02-8667-1065
發行 遠足文化事業股份有限公司　新北市新店區民權路108-3號6樓
電話02-2218-1417　傳真02-8667-1065
電子信箱service@bookrep.com.tw　網址http://www.bookrep.com.tw
郵政劃撥 19504465　遠足文化事業股份有限公司
法律顧問 華洋法律事務所　蘇文生律師
印製 成陽印刷股份有限公司　電話02-2265-1491

初版 2020年6月17日　**定價** 300元
ISBN 978-986-98693-3-1

國家圖書館出版品預行編目資料

專注力：吸引力法則的成功關鍵，治癒無力感人生，活出你想要的自己 / 西倫·杜蒙作.
-- 初版. -- 新北市：好人出版：遠足文化發行, 2020.06
面；　公分. --（i 生活；12）
譯自：The power of concentration
ISBN 978-986-98693-3-1（平裝）
1.成功法　2.自我實現　3.生活指導
177.2　　109007267

讀者回函QR Code
期待知道您的想法